문해력 · 어휘력 UP!

교과서 속 낱말퍼즐

1·2 학년

도서출판 키움

머리말

요즘 '문해력'이라는 말이 유행입니다. 서점가에 관련 책들이 쏟아져 나오며, 문해력을 키우기 위한 방법을 찾기 위해 동분서주합니다.

문해력(文解力)이란 간단하게 말해 '글을 읽고 이해하는 능력'입니다. 문해력을 키우기 위해서는 당연히 어휘력이 바탕이 되어야 합니다. 그리고 어휘력을 키우기 위한 가장 좋은 방법은 평소 꾸준하게 책 읽는 습관을 기르는 것입니다. 하지만 요즘 아이들은 대부분 독서보다는 스마트폰 게임과 유튜브 영상 시청을 좋아합니다. 그러다 보니 교과서에 나오는 가장 기본적인 어휘의 뜻도 이해하지 못하거나, 글자를 읽을 수는 있지만 글의 의미를 파악하지 못하는 경우가 많습니다.

아이들의 어휘력, 문해력을 키워 주기 위한 첫걸음은 바로 초등학교 교과서에서 시작해야 합니다. 교과서에 나오는 어휘의 뜻을 정확하게 이해하며, 익혀야 합니다.

이 책은 초등학생들의 어휘력을 길러 주기 위한 목적으로 만들어졌습니다. 초등학교 국어, 수학, 통합 교과서에 나오는 중요 어휘를 엄선하여 재미있는 퍼즐로 구성하였습니다. 아이들은 교과서 낱말 퍼즐을 풀면서 자연스럽게 어휘를 익힐 수 있고, 그 어휘를 사용하여 새로운 문장을 만들어 보고, 직접 말해 봄으로써 내면화시킬 수 있습니다.

우리 아이가 풍부한 어휘력을 바탕으로 문해력을 키워 나가는 데 이 책이 일조했으면 좋겠습니다. 책을 만드는 데 많은 도움을 준 이정아 님과 키움 출판 관계자분들께 깊은 감사를 드립니다.

해피이선생(이상학)

- 현직 초등 선생님이 뽑은 초등 교과서 필수 단어로 낱말 퍼즐을 만들었습니다. 따라서 이 책의 낱말 퀴즈를 다 풀고 나면 교과서의 내용을 쉽게 이해할 수 있습니다.
- 풀이를 보고 낱말을 유추하는 과정에서 어휘력이 길러지며, 비슷한 말, 반대말, 예문을 통해 어휘력의 폭이 넓어집니다.
- 어린이가 부담스럽지 않도록 하루에 낱말 퍼즐 하나씩, 총 6주 분량으로 꾸몄습니다.

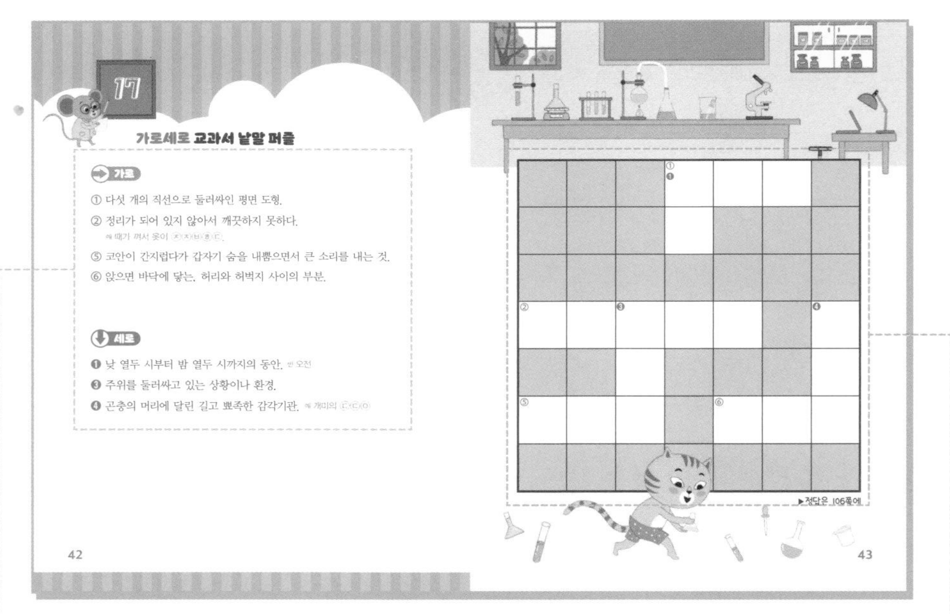

17

가로세로 교과서 낱말 퍼즐

가로

① 다섯 개의 직선으로 둘러싸인 평면 도형.

② 정리가 되어 있지 않아서 깨끗하지 못하다.
예 때가 껴서 옷이 ㅈㅈㅂㅎㄷ.

⑤ 코안이 간지럽다가 갑자기 숨을 내뿜으면서 큰 소리를 내는 것.

⑥ 앉으면 바닥에 닿는, 허리와 허벅지 사이의 부분.

세로

❶ 낮 열두 시부터 밤 열두 시까지의 동안. 반 오전

❸ 주위를 둘러싸고 있는 상황이나 환경.

❹ 곤충의 머리에 달린 길고 뾰족한 감각기관. 예 개미의 ㄷㄷㅇ

▶정답은 106쪽에

42 43

1 왼쪽의 뜻풀이를 보고 떠오르는 낱말을 오른쪽에 써넣어요. 비슷한말, 반대말, 예문을 참고해요.

2 먼저 써넣은 낱말의 글자를 힌트 삼아 나머지 빈칸에도 알맞은 단어를 넣어요.

3 칸을 다 채우면 뒤쪽의 정답을 확인해요.

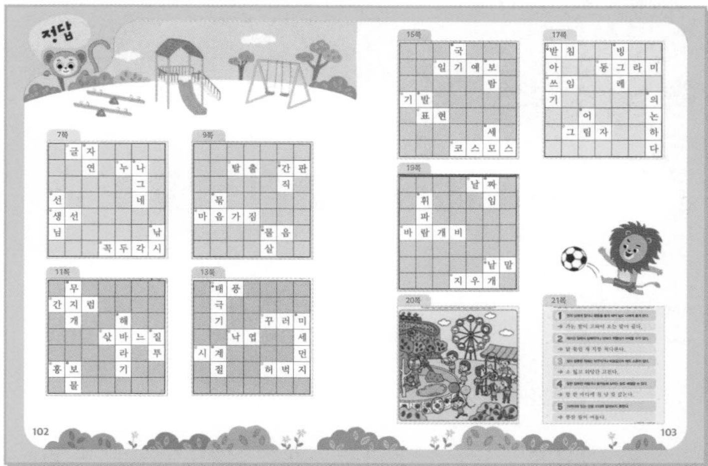
정답
102
103

4 7개의 낱말 퍼즐을 다 풀 때마다 나오는 재미있는 퀴즈를 풀어요.

퀴즈
<보기>에서 설명하고 있는 것이 누구인지 그림에서 찾아 ○해요.
보기
나는 어디 있을까요?
나는 주황색 당근 코예요.
나는 노란색 목도리를 하고 있어요.
나는 초록색 조끼를 입고 있어요.
나는 하늘색 장갑을 끼고 있어요.
나는 연두색 털모자를 쓰고 있어요.
보기
나는 어디 있을까요?
나는 빨간 리본을 두른 밀짚모자를 썼어요.
나는 연두색 넥타이를 하고 있어요.
나는 보라색 셔츠를 입었어요.
나는 남색 바지를 입었어요.
나는 입을 벌리고 활짝 웃고 있어요.
68
▶정답은 109쪽에
69

5 퍼즐에 나온 낱말을 ㄱㄴㄷ 순으로 되어 있는 낱말 사전에서 찾아봐요.

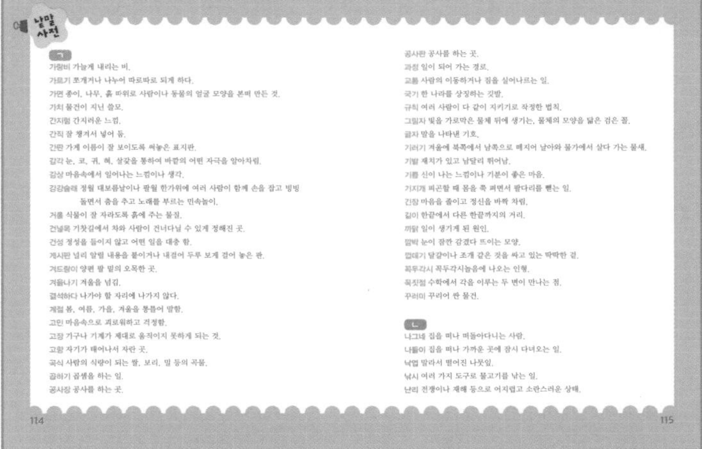
낱말 사전

ㄱ

가랑비 가늘게 내리는 비.
가르기 쪼개거나 나누어 따로따로 되게 하다.
가면 종이, 나무, 흙 따위로 사람이나 동물의 얼굴 모양을 본떠 만든 것.
가치 물건이 지닌 쓸모.
간지럼 간지러운 느낌.
간직 잘 챙겨서 넣어 둠.
간판 가게 이름이 잘 보이도록 써놓은 표지판.
감각 눈, 코, 귀, 혀, 살갗을 통하여 바깥의 어떤 자극을 알아차림.
감상 마음속에서 일어나는 느낌이나 생각.
강강술래 정월 대보름날이나 팔월 한가위에 여러 사람이 함께 손을 잡고 빙빙 돌면서 춤을 추고 노래를 부르는 민속놀이.
거름 식물이 잘 자라도록 흙에 주는 물질.
건널목 기찻길에서 차와 사람이 건너다닐 수 있게 정해진 곳.
건성 정성을 들이지 않고 어떤 일을 대충 함.
게시판 널리 알릴 내용을 붙이거나 내걸어 두루 보게 걸어 놓은 판.
겨드랑이 양편 팔 밑의 오목한 곳.
겨울나기 겨울을 넘김.
결석하다 나가야 할 자리에 나가지 않다.
계절 봄, 여름, 가을, 겨울을 통틀어 말함.
고민 마음속으로 괴로워하고 걱정함.
고장 기구나 기계가 제대로 움직이지 못하게 되는 것.
고향 자기가 태어나서 자란 곳.
곡식 사람의 식량이 되는 쌀, 보리, 밀 등의 곡물.
곱하기 곱셈을 하는 일.
공사장 공사를 하는 곳.
공사판 공사를 하는 곳.
과정 일이 되어 가는 경로.
교통 사람의 이동하거나 짐을 실어나르는 일.
국기 한 나라를 상징하는 깃발.
규칙 여러 사람이 다 같이 지키기로 작정한 법칙.
그림자 빛을 가로막은 물체 뒤에 생기는, 물체의 모양을 닮은 검은 꼴.
글자 말을 나타낸 기호.
기러기 겨울에 북쪽에서 남쪽으로 떼지어 날아와 물가에서 살다 가는 물새.
기발 재치가 있고 남달리 뛰어남.
기쁨 신이 나는 느낌이나 기분이 좋은 마음.
기지개 피곤할 때 몸을 쭉 펴면서 팔다리를 뻗는 일.
긴장 마음을 졸이고 정신을 바짝 차림.
길이 한끝에서 다른 한끝까지의 거리.
까닭 일이 생기게 된 원인.
깜박 눈이 잠깐 감겼다 뜨이는 모양.
껍데기 달걀이나 조개 같은 것을 싸고 있는 딱딱한 겉.
꼭두각시 꼭두각시놀음에 나오는 인형.
꼭짓점 수학에서 각을 이루는 두 변이 만나는 점.
꾸러미 꾸리어 싼 물건.

ㄴ

나그네 집을 떠나 떠돌아다니는 사람.
나들이 집을 떠나 가까운 곳에 잠시 다녀오는 일.
낙엽 말라서 떨어진 나뭇잎.
낚시 여러 가지 도구로 물고기를 낚는 일.
난리 전쟁이나 재해 등으로 어지럽고 소란스러운 상태.

114 115

가로세로 교과서 낱말 퍼즐

가로

① 말을 나타낸 기호. 비 문자

③ 나이 많은 여자 형제를 남동생이 부르는 말.

⑥ 먹기 위해 잡은 싱싱한 물고기.
예 저녁 반찬은 ㈆㈆구이다.

⑧ 꼭두각시놀음에 나오는 인형.

세로

❷ 산, 강, 바다처럼 저절로 생겨난 환경.

❹ 집을 떠나 떠돌아다니는 사람.
예 해와 바람 중 누가 ㉡㉠㉡의 옷을 벗길까?

❺ 학생을 가르치는 사람. 반 학생

❼ 여러 가지 도구로 물고기를 낚는 일.
예 바다에서 ㉡㉦를 했다.

▶정답은 102쪽에

가로세로 교과서 낱말 퍼즐

가로

① 갇혀 있던 곳에서 빠져나옴. 예 고양이가 ㉫㉧을 시도했다.

② 가게 이름이 잘 보이도록 써놓은 표지판.

④ 마음이 가지는 자세.

⑤ 묻는 일. 비 질문

세로

❷ 잘 챙겨서 넣어 둠. 비 보관

❸ 한데 모아서 묶은 덩어리. 예 종이 한 ㉣㉧

❺ 물이 흐르는 힘. 예 강의 ㉣㉦이 너무 빠르다.

▶정답은 102쪽에

가로세로 교과서 낱말 퍼즐

가로

② 간지러운 느낌. 예 ㉠㉧㉣을 타다.

④ 돈을 받고 바느질해 주는 일. 예 할머니는 ㉦㉥㉡㉧로 돈을 벌었다.

⑥ 소식을 널리 알리는 일. 예 ㉭㉥ 활동

세로

❶ 공기 중의 물방울이 햇빛을 받아 빨주노초파남보 7가지 색을 나타내는 것.

❸ 해의 방향을 따라다니는 커다란 노란색 꽃.

❺ 내가 좋아하는 사람이 다른 사람과 친하게 지내는 것을 싫어함. 비 샘

❼ 매우 귀하고 소중한 물건. 예 ㉥㉤상자

▶정답은 102쪽에

가로세로 교과서 낱말 퍼즐

가로

① 큰비를 내리며 부는 매우 센 바람.

② 꾸리어 싼 물건. 예 달걀 한 ㄲㄹㅁ

④ 말라서 떨어진 나뭇잎. 예 가을에는 ㄴㅇ이 진다.

⑤ 시각을 나타내는 기계.

⑦ 허벅다리 안쪽의 살이 있는 곳. 비 허벅다리

세로

❶ 대한민국의 국기. 예 ㅌㄱㄱ가 바람에 펄럭입니다.

❸ 눈에 보이지 않을 정도로 아주 작은 먼지.

❻ 봄, 여름, 가을, 겨울을 통틀어 말함. 예 가을은 결실의 ㄱㅈ

▶정답은 102쪽에

가로세로 교과서 낱말 퍼즐

가로

② 날씨 변화를 미리 예상하여 알리는 일.

④ 재치가 있고 남달리 뛰어남.

⑥ 생각이나 감정을 말이나 행동으로 나타냄.

⑧ 가을철 길가에 자주 보이는 흰색, 분홍색, 자주색의 꽃.
예 가을 길에 ㉪㉦㉤㉦가 피어 있다.

세로

❶ 한 나라를 상징하는 깃발. 예 우리나라의 ㉠㉠는 태극기

❸ 어떤 일을 했을 때 돌아오는 좋은 결과나 만족감.

❺ 어떤 사실이나 결과를 여러 사람에게 알리는 것.
예 국어 시간에 ㉥㉫를 했다.

❼ 종이 위에 세 점을 이어 만든 도형. 비 삼각형 예 동그라미, ㉦㉤, 네모…

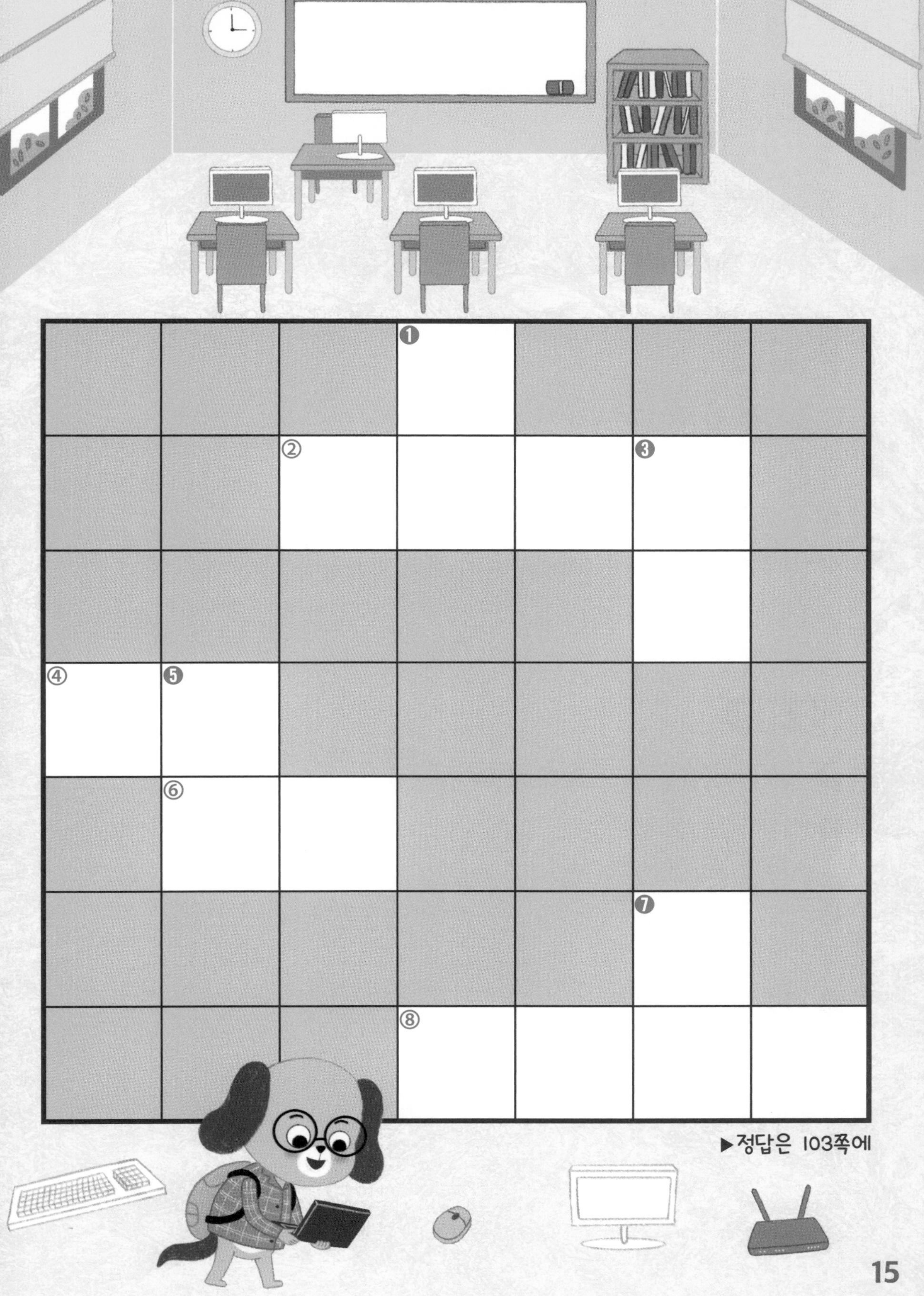

▶정답은 103쪽에

가로세로 교과서 낱말 퍼즐

가로

① 한글을 쓸 때 모음 다음에 아래로 오는 자음.

③ 동그랗게 생긴 모양. 비 원

④ 돈이나 물건이 실제로 쓰이는 곳.

⑦ 빛을 가로막은 물체 뒤에 생기는, 물체의 모양을 닮은 검은 꼴.

세로

❶ 선생님이 읽는 글을 그대로 옮겨 쓰는 것.

❷ 소리 없이 방긋이 웃는 모양.
예 아기가 ㅂㄱㄹ 웃는다.

❺ 어떤 일에 대하여 서로 의견을 말하고 듣는다.
예 어떻게 할지 서로 ㅇㄴㅎㄷ.

❻ 대강 짐작으로 헤아림. 예 ㅇㄹ잡아

①❶				❷		
			③			
④						
						❺
		❻				
	⑦					

▶정답은 103쪽에

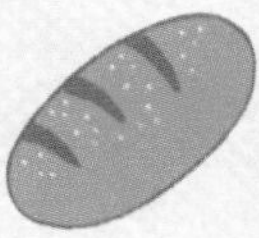

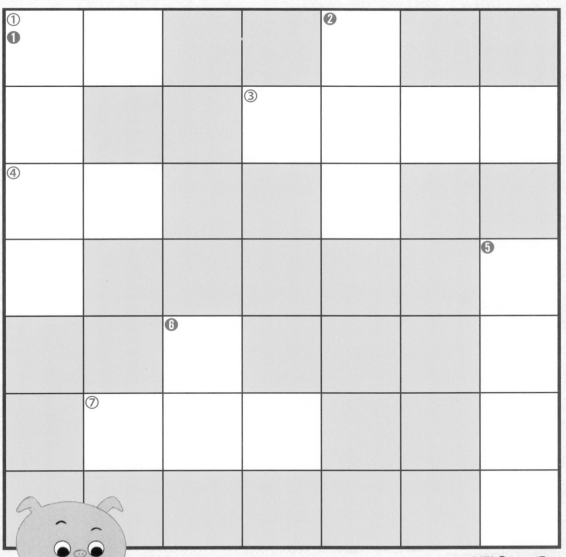

가로세로 교과서 낱말 퍼즐

가로

① 일정한 일을 하는 데 걸리는 날의 수.
예 방학까지 아직 ㄴㅉ가 남았다.

④ 바람을 받으면 빙글빙글 도는 장난감. 비 팔랑개비

⑤ 일정한 뜻이 있으면서 홀로 쓰일 수 있는 낱개의 말. 비 단어

⑥ 연필로 쓴 글씨나 그림 따위를 지우는 데 쓰는 물건.

세로

❷ 조직이나 구성. 예 글의 ㅉㅇ

❸ 입김을 불어서 내는 맑은 소리.

❺ 여러 개 중에서 따로 떼어 낼 수 있는 한 개. 예 ㄴㄱ로도 팔아요.

▶정답은 103쪽에

그림 속에 8개의 물건이 숨어 있어요.
<보기>에 있는 물건을 모두 찾아 ○해요.

보기

돋보기, 물고기, 바람개비, 시계,
비행기, 태극기, 마라카스, 불가사리

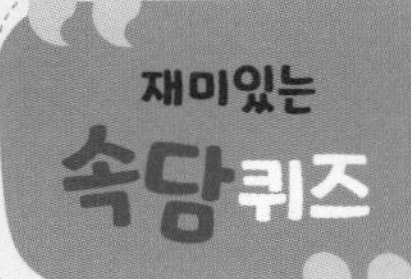

설명을 읽고 알맞은 속담을 <보기>에서 찾아 써 보세요.

보기

등잔 밑이 어둡다. 소 잃고 외양간 고친다. 말 한 마디에 천 냥 빚 갚는다.
닭 쫓던 개 지붕 쳐다본다. 가는 말이 고와야 오는 말이 곱다.

1 먼저 남에게 말이나 행동을 좋게 해야 남도 나에게 좋게 한다.

→

2 애쓰던 일에서 실패하거나 남보다 뒤떨어져 어찌할 수가 없다.

→

3 일이 잘못된 뒤에는 뉘우치거나 바로잡으려 해도 소용이 없다.

→

4 말만 잘하면 어렵거나 불가능해 보이는 일도 해결할 수 있다.

→

5 가까이에 있는 것을 오히려 알아보지 못한다.

→

▶정답은 103쪽에

가로세로 교과서 낱말 퍼즐

가로

① 네 개의 직선으로 둘러싸인 평면 도형. 비 사각형

③ 많은 사람이 모여 벌이는 큰 규모의 행사.
예 ㉧㉨가 시작되면, 모두 들뜬다.

⑥ 멥쌀가루를 반죽하여 팥, 콩, 밤, 깨 등을 넣고 반달 모양으로 빚어서 솔잎을 깔고 찐 떡.

⑧ 납작한 돌을 세워 놓고 조금 떨어진 곳에서 작은 돌을 던지거나 발로 차서 세워 놓은 돌을 맞혀 넘어뜨리는 놀이. 비 돌치기

세로

❷ 어떤 물건을 본떠서 만든 물건. 예 ㉤㉭ 항공기

❹ 글을 소리 내어 외우거나 읽음. 예 시를 함께 ㉡㉦해 보자.

❺ 이를 닦고 물로 입 안을 헹구는 일.

❼ 몸이나 마음이 어려움 없이 편하고 좋다. 반 불편하다.

▶정답은 104쪽에

가로세로 교과서 낱말 퍼즐

가로

① 흩어져 있는 것을 한데 합치기. 반 가르기

④ 쉼표, 물음표, 따옴표 등과 같이 문장의 뜻을 잘 전달하고, 문장을 읽고 이해하기 쉽도록 돕는 부호.

⑥ 졸리거나 고단하거나 배부르거나 할 때, 절로 입이 벌어지면서 하는 깊은 숨쉬기.

세로

❶ 학습이나 놀이 등의 활동을 하기 위해 몇 명씩 묶어 만든 모임.

❷ 신이 나는 느낌이나 기분이 좋은 마음. 반 슬픔

❸ 남의 시킴이나 부탁을 받고 그 일을 대신함.

❺ 곱셈을 하는 일. 반 나누기

❼ 어떤 무리나 범위에 함께 들어 있거나 함께 넣음.
예 나를 ㅍㅎ한 우리 가족

	① ❶		❷			
					❸	
			④			
❺						
⑥						❼

▶정답은 104쪽에

가로세로 교과서 낱말 퍼즐

가로

② 일을 확실하게 정함. 예 올림픽 일정이 ㉭㉢되었다.

③ 양편 팔 밑의 오목한 곳.

⑤ 그날그날 겪은 일과 감상을 매일 적은 글.

⑥ 수수의 줄기. 비 수숫대

세로

❶ 전설이나 동화 속에 나오는 신기한 능력을 보이는 존재로 사람의 모습을 하고 있다. 예 숲속의 ㉧㉢

❸ 겨울을 넘김. 비 월동

❹ 2, 4, 6, 8…과 같이 2로 나누어떨어지는 수. 반 홀수

❼ 사람이나 동물의 입가에 난 털.
예 산타할아버지 ㉦㉧은 하얗다.

▶정답은 104쪽에

가로세로 교과서 낱말 퍼즐

가로

② 글자를 바르게 적기 위한 규칙.

③ 다른 사람의 좋은 점을 높이 평가하는 말.
예 발표를 잘했다고 ㉾㉾을 들었다.

④ 나를 낳아 주고 길러 준 여자. 반 아버지

⑦ 한 개의 수에 또 하나의 수를 더하는 셈. 반 뺄셈

⑧ 발끝의 다섯 개로 갈라진 부분.

세로

❶ 어떤 일이나 목적을 이루기 위한 해결법.

❺ 머리털 가닥. 예 ㉠㉣㉿㉣을 묶었다.

❻ 한 수에서 다른 수를 빼는 셈. 반 덧셈

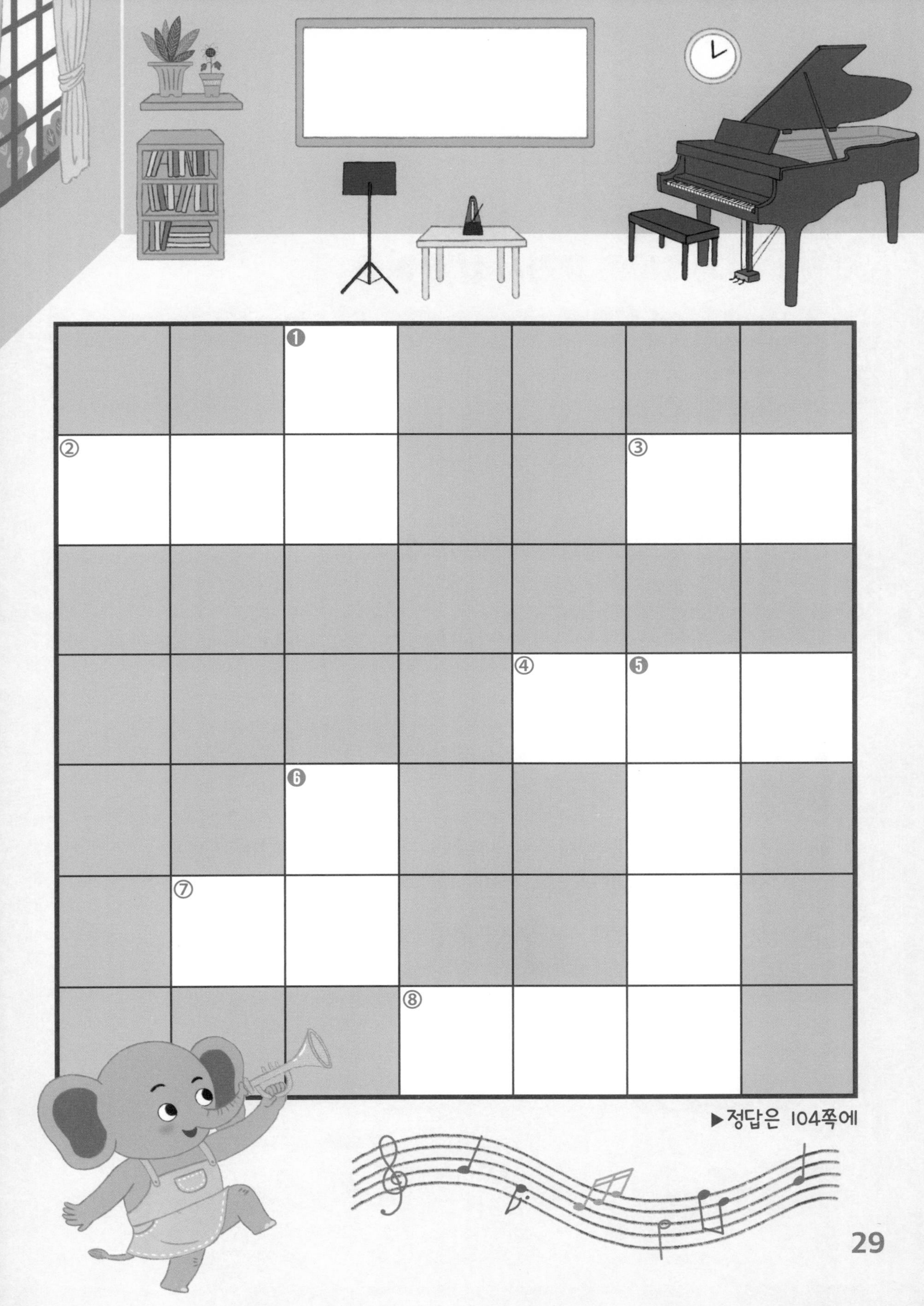

▶정답은 104쪽에

가로세로 교과서 낱말 퍼즐

가로

① 알에서 나와 아직 다 자라지 않은 곤충.

③ 아이들이 장난감 그릇을 가지고 어른들의 흉내를 내며 노는 것.
비 소꿉장난

⑦ 네 개의 직선으로 둘러싸인 평면 도형. 비 네모

세로

❷ 사방으로 펼쳐진 넓고 평평한 땅.

❹ 주로 아이들이 모여 노는 곳.

❺ 여러 가지 도구나 손재주로 사람의 눈을 속여 신기하고 이상한 일을 하여 보이는 사람.

❻ 여섯 개의 직선으로 둘러싸인 평면 도형.

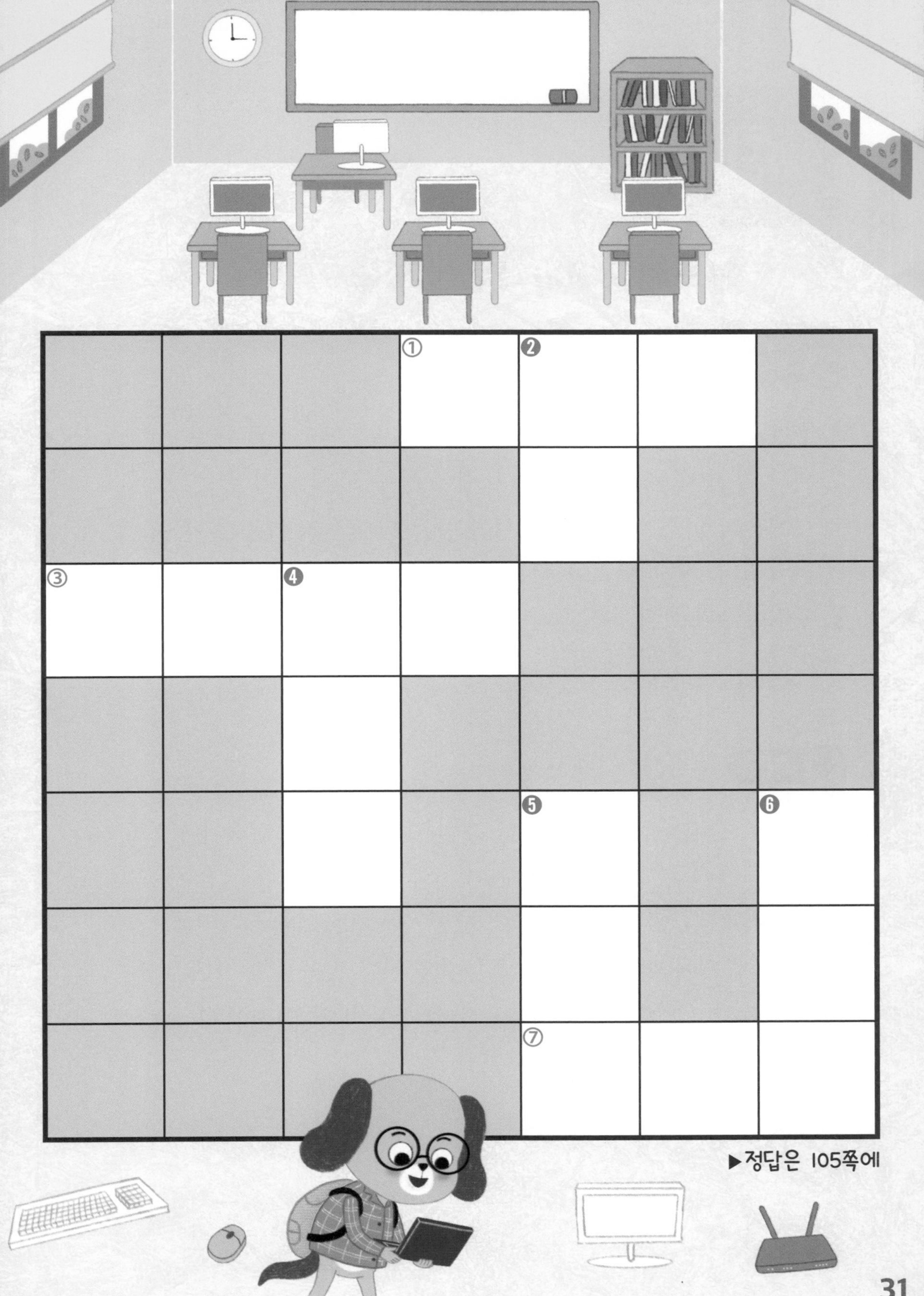

▶정답은 105쪽에

가로세로 교과서 낱말 퍼즐

가로

① 일곱 가지 도형 조각으로 여러 형태를 만들면서 즐기는 놀이.

② 널리 알릴 내용을 붙이거나 내걸어 두루 보게 걸어 놓은 판.

⑤ 크레용과 파스텔의 성질을 섞어 만든 막대기로 색을 칠할 때 사용한다. 예 노란색 ㅋㄹㅍㅅ

⑥ 우리나라의 국화.

세로

❶ 분필로 글씨를 쓰거나 그림을 그릴 수 있게 만든 검정이나 초록색의 판. 예 ㅊㅍ 지우개

❸ 시간의 어느 한 시점. 예 해 뜨는 ㅅㄱ

❹ 못 쓰게 되어 버려야 할 것이나 내다 버린 것을 모두 이르는 말.

❼ 텔레비전이나 컴퓨터 따위에서 그림이나 영상이 나타나는 면.

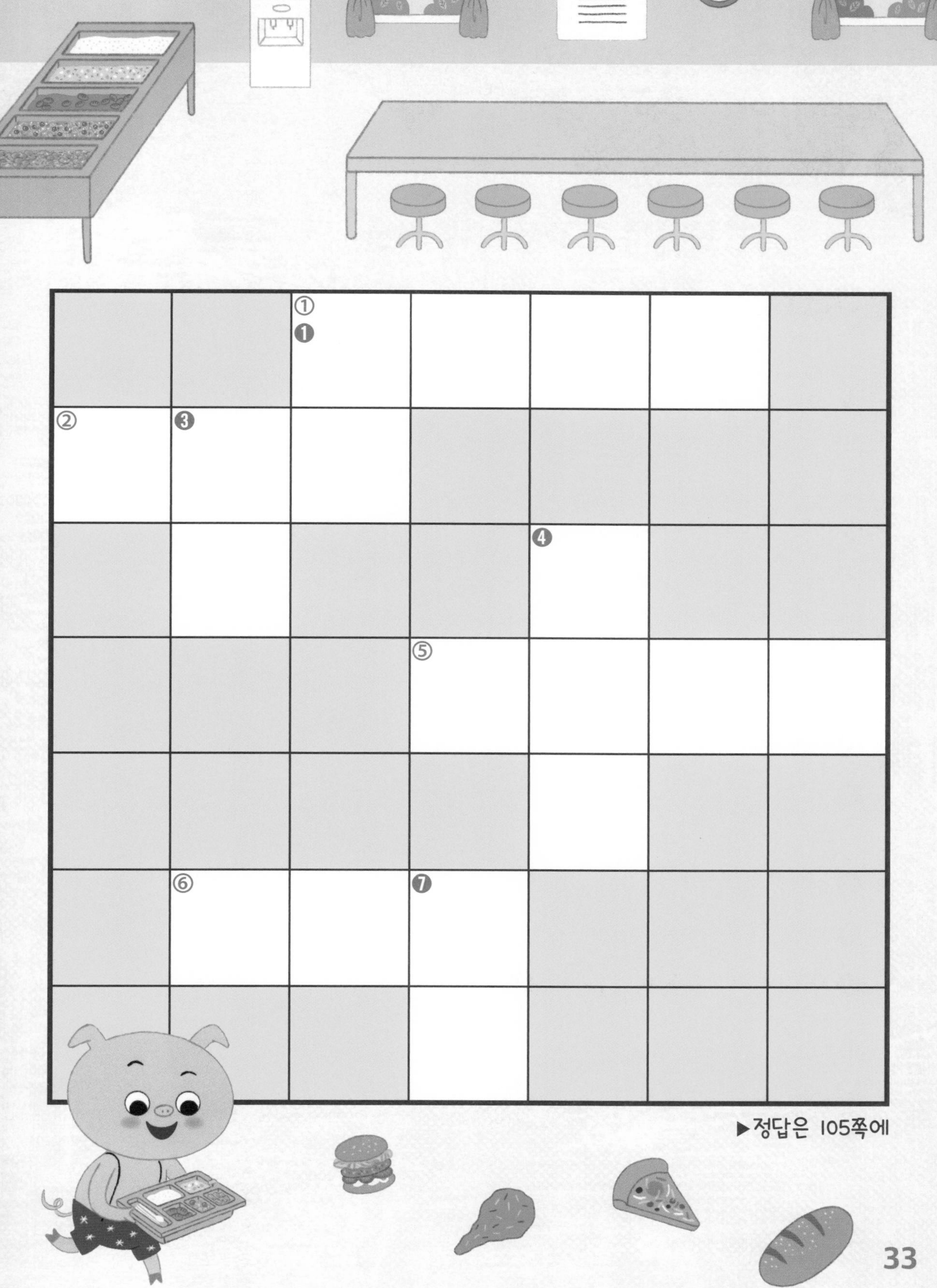

▶정답은 105쪽에

가로세로 교과서 낱말 퍼즐

가로

① 날개나 프로펠러를 이용해서 공중을 날아 사람이나 물건을 싣고 나르는 기계.

③ 비둘깃과에 속한 새를 통틀어 이르는 말. 평화를 상징하는 새.

⑤ 다른 것에 비하여 특별히 눈에 뜨이는 점. 비 특색

⑥ 새로 돋아나는 싹. 예 봄에는 ㅅㅆ이 파릇파릇

세로

❶ 갑작스러운 사고가 일어날 때 밖으로 빠져나가기 위해 만들어 놓은 문.

❷ 어떤 사물의 큰 정도.

❸ 여럿을 서로 견주어 보는 것. 예 크기 ㅂㄱ

❹ 어떤 사실이나 생각을 떠오르게 하는 사물, 또는 그 사물을 가리키는 말이나 표시. 예 비둘기는 평화의 ㅅㅈ

▶정답은 105쪽에

두 그림에서 서로 다른 부분 5곳을 찾아
오른쪽 그림에 ○해요!

▶정답은 105쪽에

가로세로 교과서 낱말 퍼즐

가로

① 남을 거칠고 사납게 억누름. 예 학교 ㉫㉣은 절대 안 된다.

③ 솥 바닥에 눌어붙은 밥. 비 눌은밥

④ 집을 떠나 가까운 곳에 잠시 다녀오는 일. 예 휴일 ㉡㉢㉧

⑦ 정월 대보름날이나 팔월 한가위에 여러 사람이 함께 손을 잡고 빙빙 돌면서 춤을 추고 노래를 부르는 민속놀이.

⑧ 위험하거나 사고가 날 염려가 없는 상태.

세로

❷ 오라비와 누이를 아울러 이르는 말. 비 남매

❺ 사람이나 화물을 아래위로 나르는 기계 장치. 예 ㉦㉠㉠를 타다.

❻ 자정부터 낮 열두 시까지의 시간. 반 오후

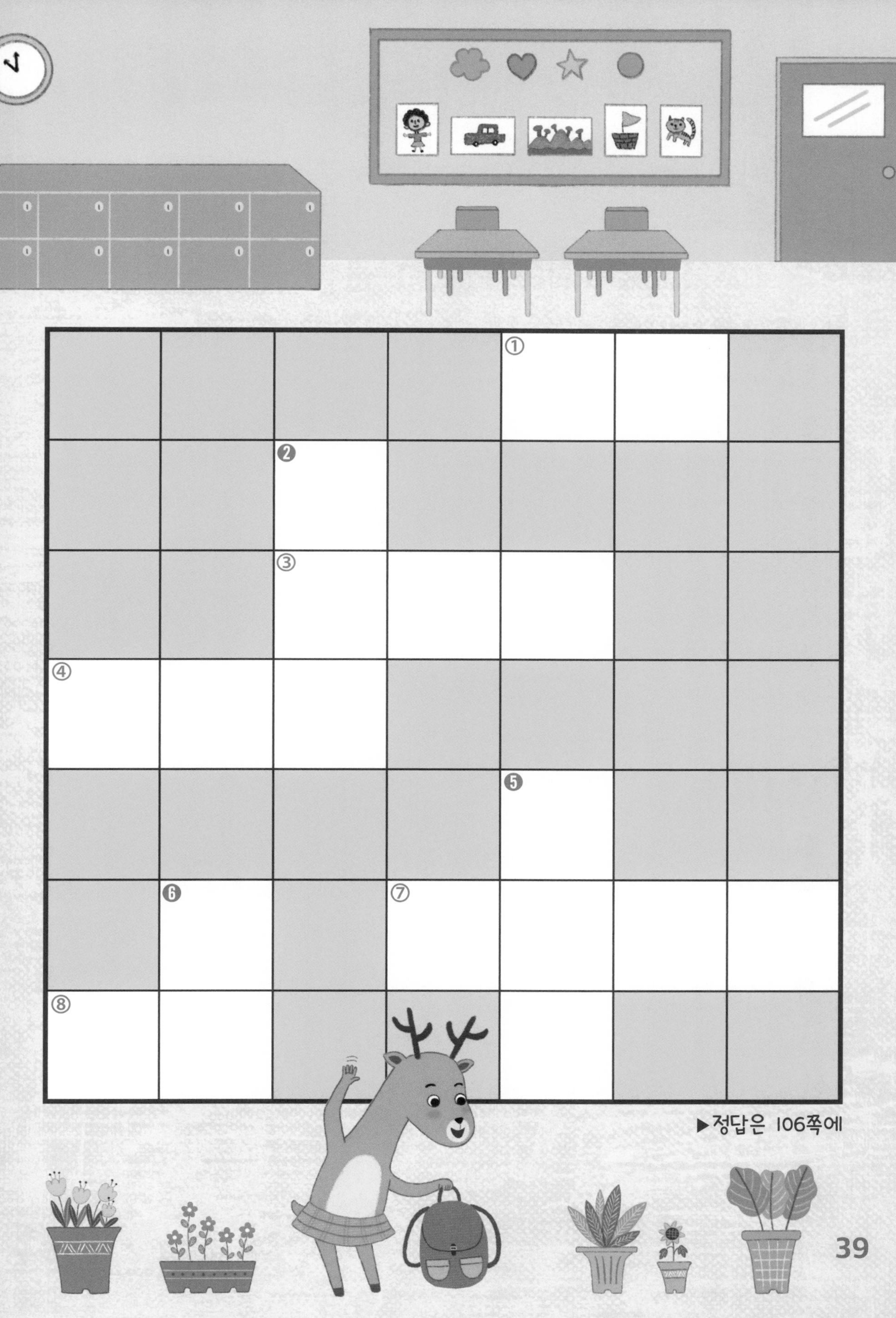

▶정답은 106쪽에

16

가로세로 교과서 낱말 퍼즐

가로

① 눈으로 볼 수 없을 만큼 작으며, 세포가 하나인 생물.
예 ㅅㄱ을 없애는 양치법

② 마음속의 상태가 얼굴에 드러나는 모습.

③ 부모 중 남자. 반 어머니

⑤ 바람이 한곳에서 뱅뱅 돌아 깔때기 모양으로 하늘 높이 오르는 현상. 예 ㅎㅇㄹ 바람

세로

❶ 설날에 어른에게 드리는 큰절.

❷ 알려야 할 내용을 담은 판.

❸ 남자 어른을 친근하게 이르는 말. 반 아주머니

❹ 전쟁이나 재해 등으로 어지럽고 소란스러운 상태.
예 홍수로 ㄴㄹ가 나다.

					① ❶	
		② ❷				
③ ❸						
						❹
				⑤		

▶정답은 106쪽에

가로세로 교과서 낱말 퍼즐

가로

① 다섯 개의 직선으로 둘러싸인 평면 도형.

② 정리가 되어 있지 않아서 깨끗하지 못하다.
예 때가 껴서 옷이 ㉷㉷㉳㉭㉢.

⑤ 코안이 간지럽다가 갑자기 숨을 내뿜으면서 큰 소리를 내는 것.

⑥ 앉으면 바닥에 닿는, 허리와 허벅지 사이의 부분.

세로

❶ 낮 열두 시부터 밤 열두 시까지의 동안. 반 오전

❸ 주위를 둘러싸고 있는 상황이나 환경.

❹ 곤충의 머리에 달린 길고 뾰족한 감각기관. 예 개미의 ㉢㉢㉧

▶정답은 106쪽에

18

가로세로 교과서 낱말 퍼즐

가로

② 해나 보름달처럼 둥글게 그려진 모양이나 형태. 비 동그라미

③ 달걀이나 조개 같은 것을 싸고 있는 딱딱한 겉.

⑥ 무엇이 이루어지기 위한 뼈대나 틀을 이루는 부분. 비 기본

⑦ 모든 사람의 의견이 같음.

세로

❶ 곤충의 애벌레가 어른벌레로 되는 과정 중에 한동안 고치 속에 가만히 들어 있는 몸.

❹ 공사를 하는 곳. 비 공사판

❺ 거리낌 없이 트여 있다. 예 웃음소리가 ㅎㅌㅎㄷ.

▶정답은 106쪽에

가로세로 교과서 낱말 퍼즐

가로

③ 동물의 피부에 붙어서 피를 빨아 먹는 작은 벌레.

⑤ 부모의 아버지. 반 할머니

⑦ 높은 곳이나 낮은 곳을 오르내릴 때 디딜 수 있도록 만든 기구.
비 사닥다리

세로

❶ 가늘고 기다랗고 단단한 물건. 예 ㅁㄷㄱ를 휘둘렀다.

❷ 화산 활동이나 땅속 물질이 움직여서 땅이 흔들리는 것.

❹ 곡식을 해치는 새, 짐승 따위를 막기 위하여 짚으로 만들어 논밭에 세워 놓은 인형. 예 가을 논밭에 세워진 ㅎㅅㅇㅂ

❻ 사막이나 황토 지대의 누런 모래가 강한 바람으로 인하여 날아와서 내려앉는 현상. 예 봄철 ㅎㅅ 현상

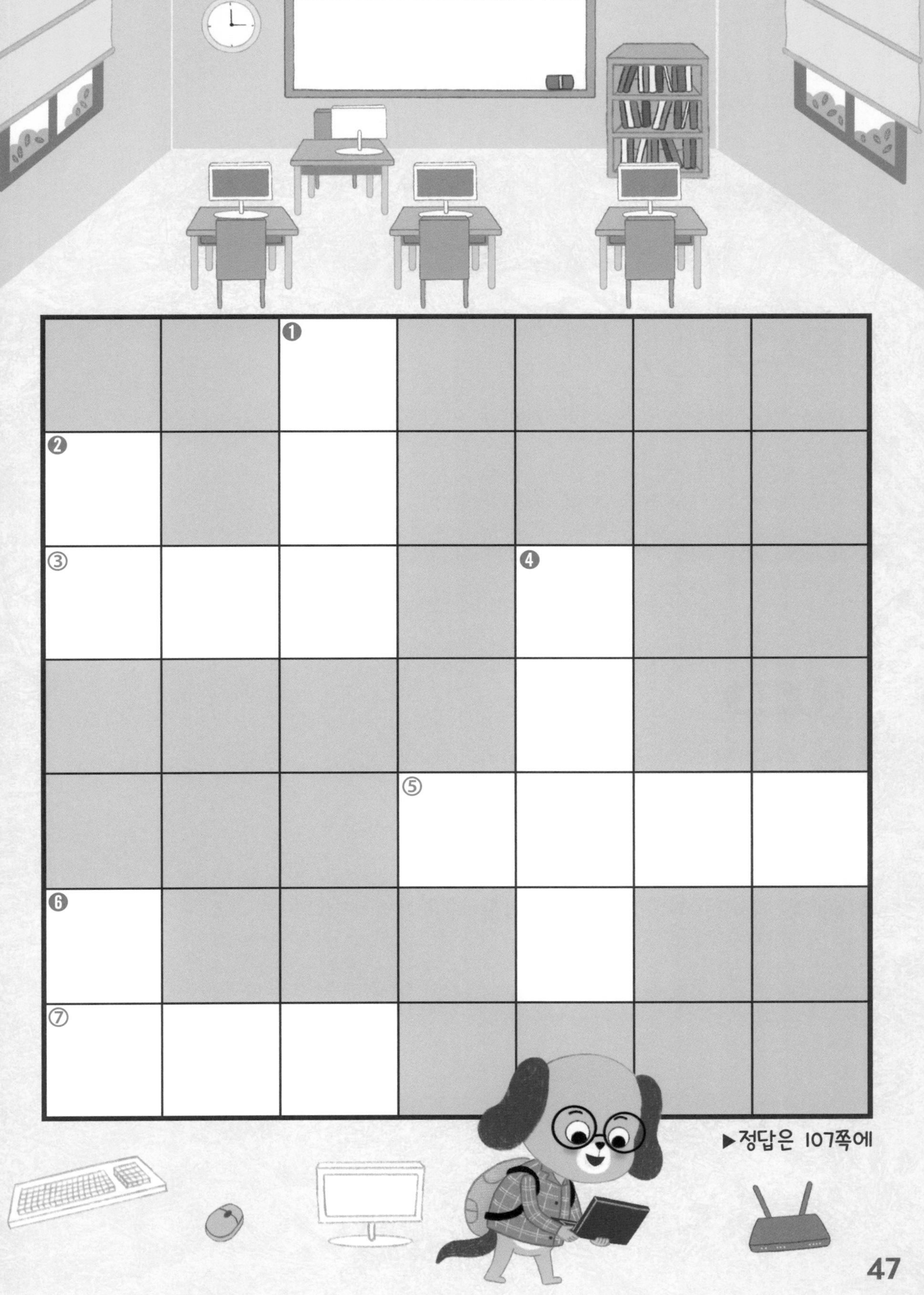

▶정답은 107쪽에

가로세로 교과서 낱말 퍼즐

가로

① 이야기나 연극에서 어떤 역할을 하는 사람. 예 주요 ㅇㅁ

④ 연극, 영화, 소설 등에서 이야기의 중심이 되는 인물.
예 나는 이번 연극에서 ㅈㅇㄱ을 맡았다.

⑥ 완전히 다 이루었음. 반 미완성

세로

❷ 붕어처럼 아가미와 지느러미가 있는 물에 사는 동물.

❸ 틀림없이 그러한가를 알아봄. 반 미확인

❹ 한 주일의 끝 무렵. 예 ㅈㅁ 농장

❺ 정성을 들이지 않고 어떤 일을 대충 함. 예 ㄱㅅ으로 책을 읽다.

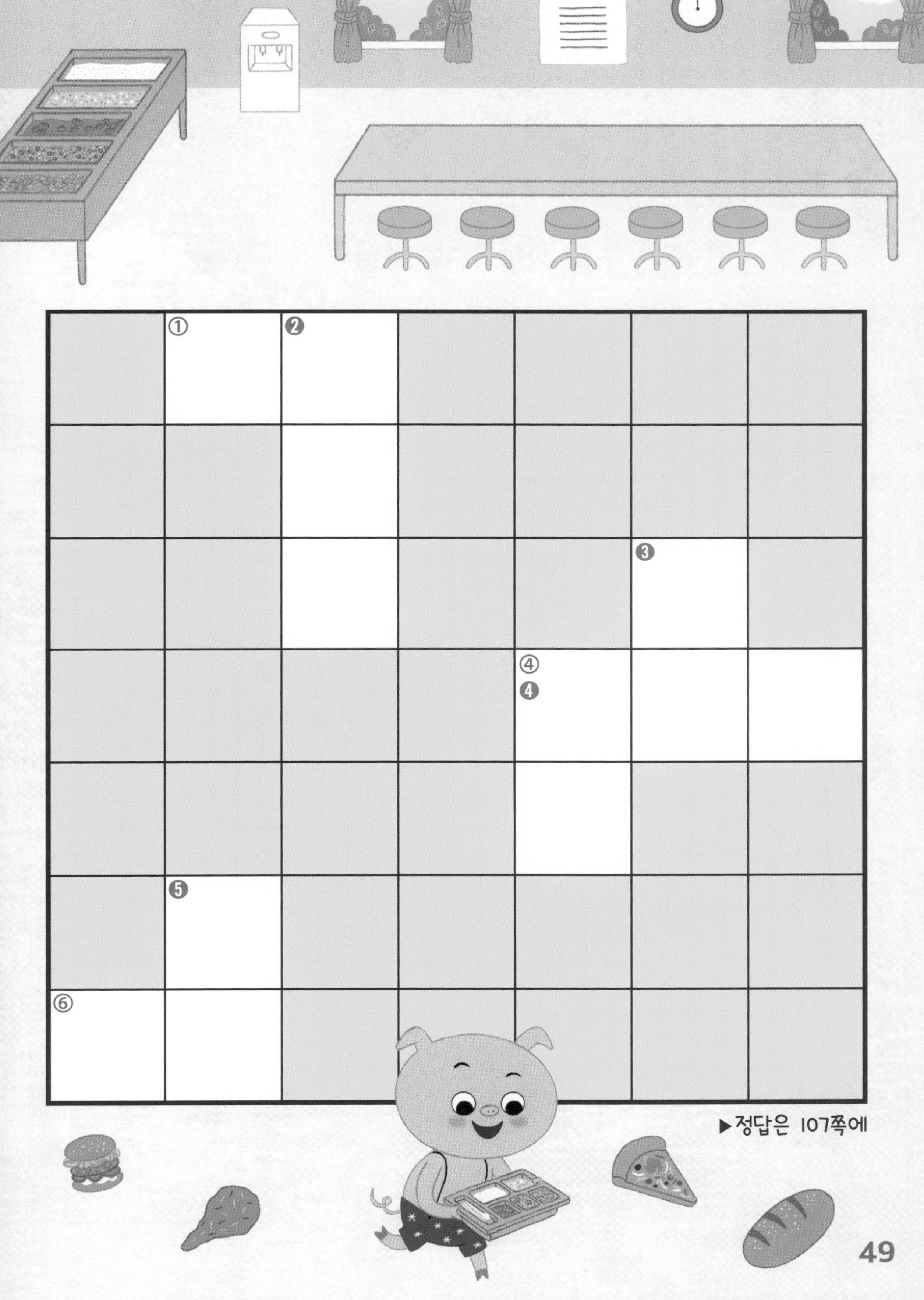

▶정답은 107쪽에

가로세로 교과서 낱말 퍼즐

가로

① 사람이 안전하게 건너다닐 수 있도록 차도 위에 마련한 길. 비 건널목

④ 힘, 활동 따위가 미치는 분야나 범위. 예 활동 ⓞⓞ

⑤ 여럿이 어떤 목적을 세우고 모임을 진행하는 일.
예 마트에서 설맞이 ㉭㉦를 한다.

⑥ 실제로 체험하는 느낌. 예 ㉦㉠ 나는 영상

세로

❷ 일이 잘되도록 남을 돕는 일.

❸ 몸이 다섯 가닥으로 되어 있어 별 모양인 바닷속 동물.

❹ 나이가 많이 든 남자를 약간 대접하여 부르는 말.

❻ 생각한 바를 실제로 행함. 비 실행

▶정답은 107쪽에

퀴즈 03

유령이 나오는 으스스한 숲이에요. 유령과 만나지 않고 구불구불 미로를 통과해서 집으로 가 볼까요?

▶정답은 107쪽에

가로세로 교과서 낱말 퍼즐

가로

① 배우가 무대 위에서 각본에 따라 말과 행동으로 이야기를 보여 주는 예술. 예 ㅇㄱ 공연

③ 주로 체육이나 운동 경기를 하기 위해 만든 큰 마당.

⑥ 서로 맞닿음. 예 신체 ㅈㅊ

⑦ 종이, 나무, 흙 따위로 사람이나 동물의 얼굴 모양을 본떠 만든 것.

세로

❶ 불이 났을 때 생겨나는 흐릿한 기체. 속 아니 땐 굴뚝에 ㅇㄱ 날까.

❷ 마음을 졸이고 정신을 바짝 차림. 예 시험 전날의 ㄱㅈ

❹ 같은 부모의 자식으로 나보다 나이가 적은 사람.

❺ 음식을 집어 먹거나, 물건을 집는 데 쓰는 두 개의 기다란 작대기.

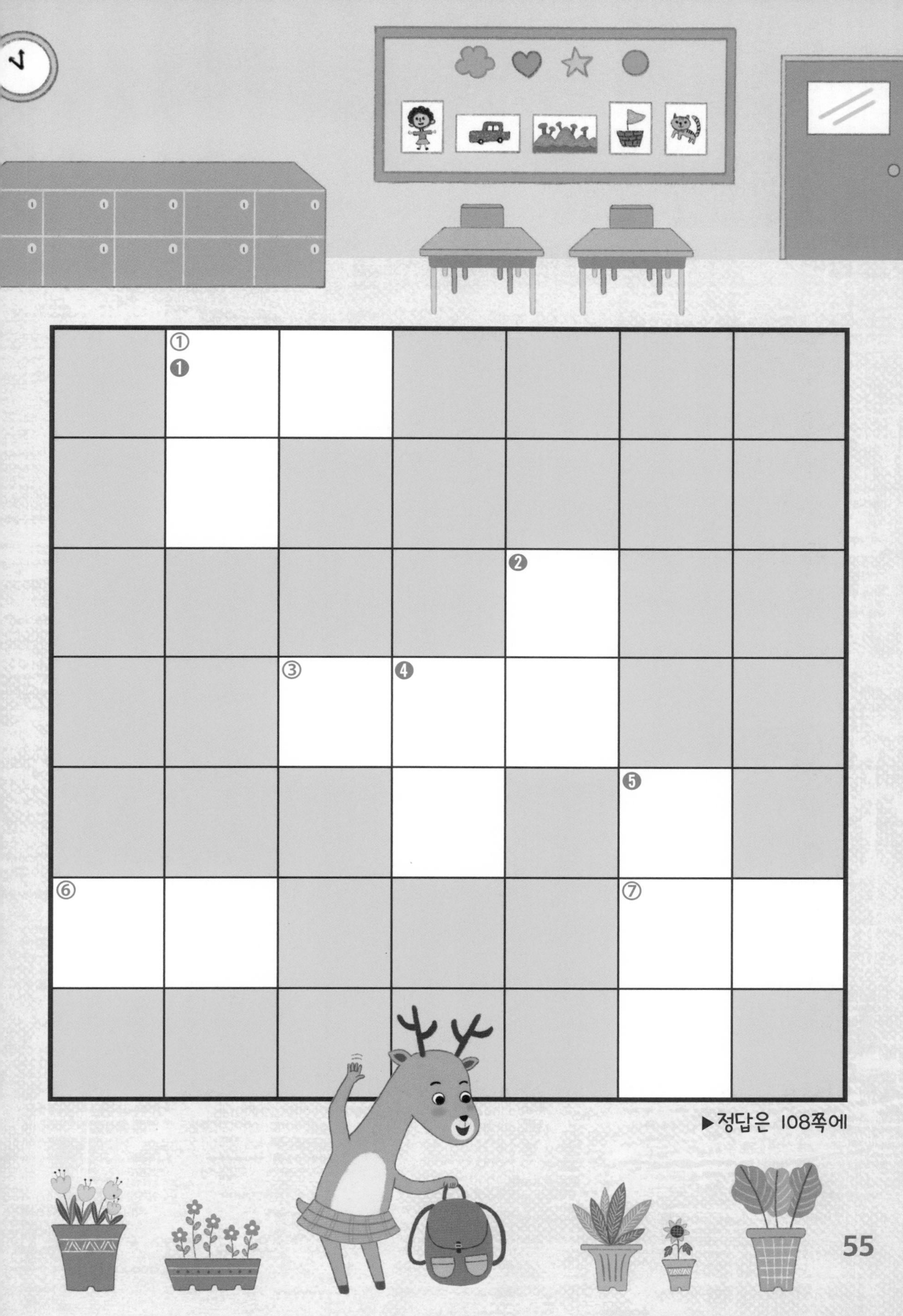

▶정답은 108쪽에

가로세로 교과서 낱말 퍼즐

가로

① 사람에게 해가 되는 곤충을 통틀어 이르는 말.

④ 빼었다 끼웠다 하는 뚜껑 없는 상자.
예 ㅅㄹ에 물건을 넣다.

⑥ 몸을 놀리는 모양.

⑦ 그림을 그리는 데 쓰는 종이. 예 크레파스와 ㄷㅎㅈ

세로

❷ 세균 따위의 영향으로 이가 상하는 것.

❸ 차례로 나열한 것. 예 그네 타는 ㅅㅅ

❺ 수학에서 각을 이루는 두 변이 만나는 점.

❽ 날씨나 바람이 온화하고 맑음. 예 ㅎㅊ한 봄날

①	❷					
			❸			
			④			
						❺
					⑥	
⑦	❽					

▶정답은 108쪽에

가로세로 교과서 낱말 퍼즐

가로

② 잔치나 식사 때에 오라고 부름. 비 초청

⑤ 쪼개거나 나누어 따로따로 되게 하다. 예 ㄱㄹㄱ와 모으기

⑦ 우리나라의 전통 의복.

세로

❶ 무덤의 풀을 베어서 깨끗이 함. 예 할아버지 묘에 ㅂㅊ를 했다.

❸ 우리나라의 국가.

❹ 가까운 데 있는 글자나 작은 것을 크게 보이도록 볼록하게 만든 안경.

❻ 같은 일을 되풀이함. 예 ㅂㅂ 행동

▶정답은 108쪽에

가로세로 교과서 낱말 퍼즐

가로

① 공사를 하는 곳. 예 아파트 ㄱㅅㅍ

③ 여러 명의 사람을 높여 부르는 말. 예 어린이 ㅇㄹㅂ!

⑥ 무덤을 높여 이르는 말.

⑦ 이랬다저랬다 자주 바뀌는 태도나 성질. 관 ㅂㄷ이 죽 끓는 듯하다.

세로

❷ 아버지의 친형제의 아들이나 딸을 나타내는 촌수.

❹ 종류에 따라서 가름. 예 도서 ㅂㄹ

❺ 특별한 일이 없는 보통 때. 예 호야는 ㅍㅅ에도 밥을 잘 먹는다.

❼ 몸의 모양이나 태도 따위를 바꿈.
예 새롭게 ㅂㅅ한 엄마의 패션

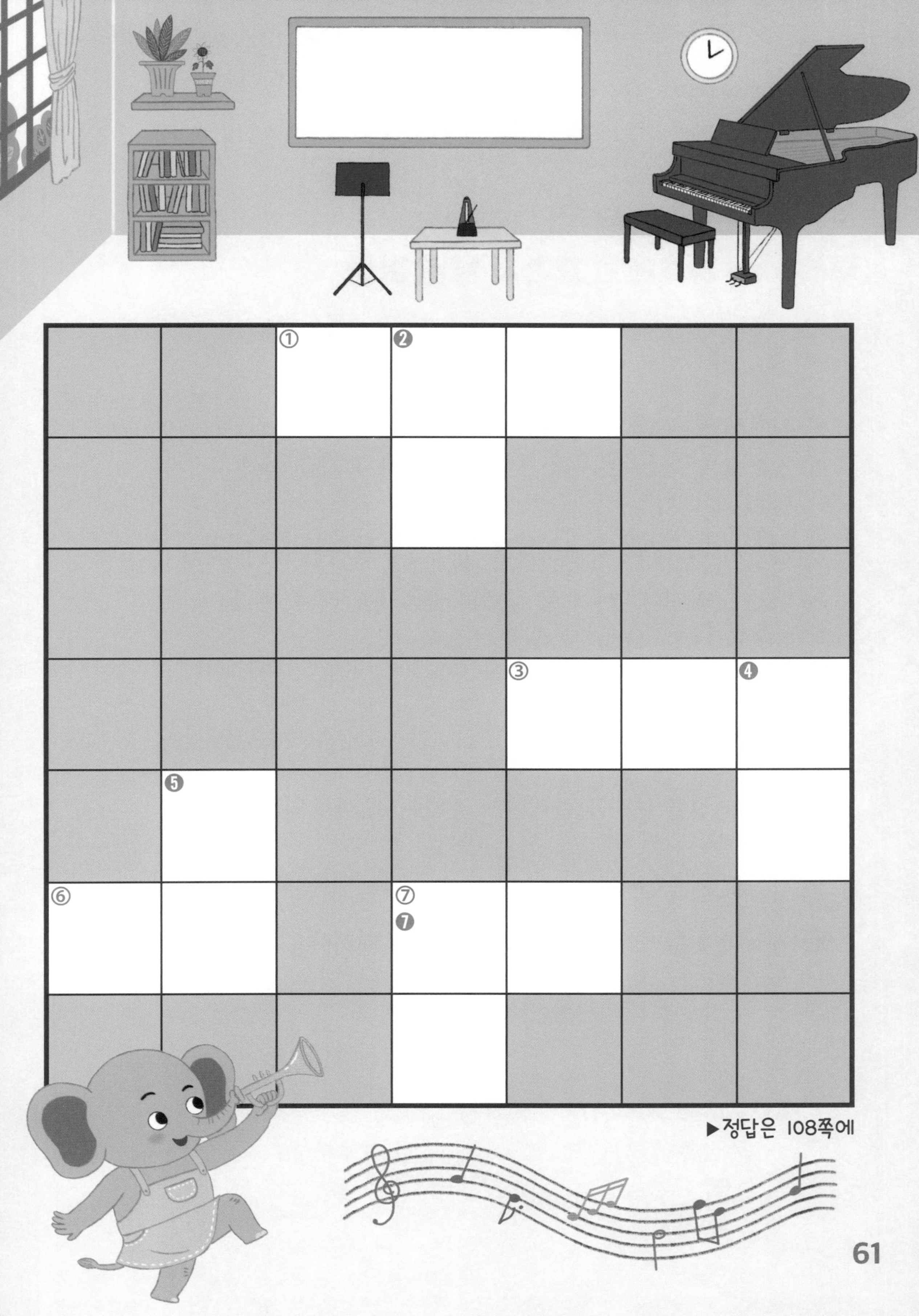

▶정답은 108쪽에

가로세로 교과서 낱말 퍼즐

가로

② 가지고 노는 여러 가지 놀잇감. 비 완구

④ 짚으로 만든 큰 돗자리. 사람이 앉거나 곡식을 널어 말릴 때 쓴다. 예 ㅁㅅ 위에 콩을 널다.

⑤ 앉아서 미끄러져 내려오도록 비스듬하게 만든 놀이 기구.

⑥ 따뜻한 말이나 행동으로 상대의 슬픔을 달래 주는 것.

세로

❶ 집이나 건물 주변을 둘러막기 위하여 흙, 돌, 벽돌 따위로 쌓아 올린 것.

❸ 나가야 할 자리에 나가지 않다. 반 출석하다.

❺ 복잡하게 갈래가 져서, 한번 들어가면 빠져나오기 어려운 길.

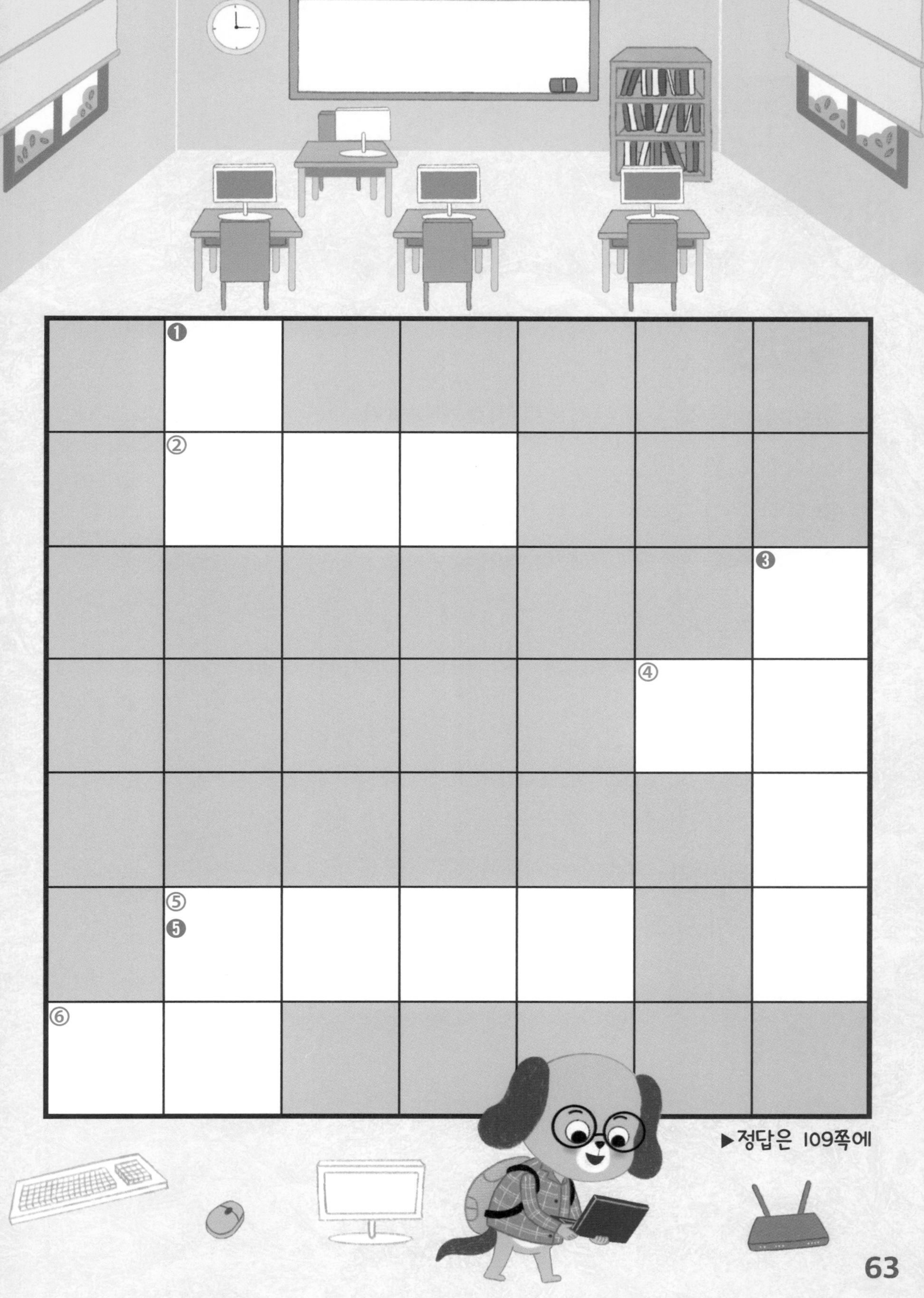

▶정답은 109쪽에

가로세로 교과서 낱말 퍼즐

가로

③ 이가 아픈 것을 전문적으로 치료하는 병원.

⑤ 참깨로 짠 기름.

⑥ 폭이 좁고 조용한 길. 예 ⓞⓢⓖ을 걷다.

⑧ 비어 있는 칸. 예 ⓑⓚ에 알맞은 말을 쓰세요.

세로

❶ 한데 뭉치거나 말거나 감은 덩이. 예 인형 안의 솜ⓜⓒ

❷ 식물이 잘 자라도록 흙에 주는 물질.

❹ 일이 되어 가는 경로. 예 진행 ⓖⓙ

❼ 한끝에서 다른 한끝까지의 거리. 예 연필의 ⓖⓞ

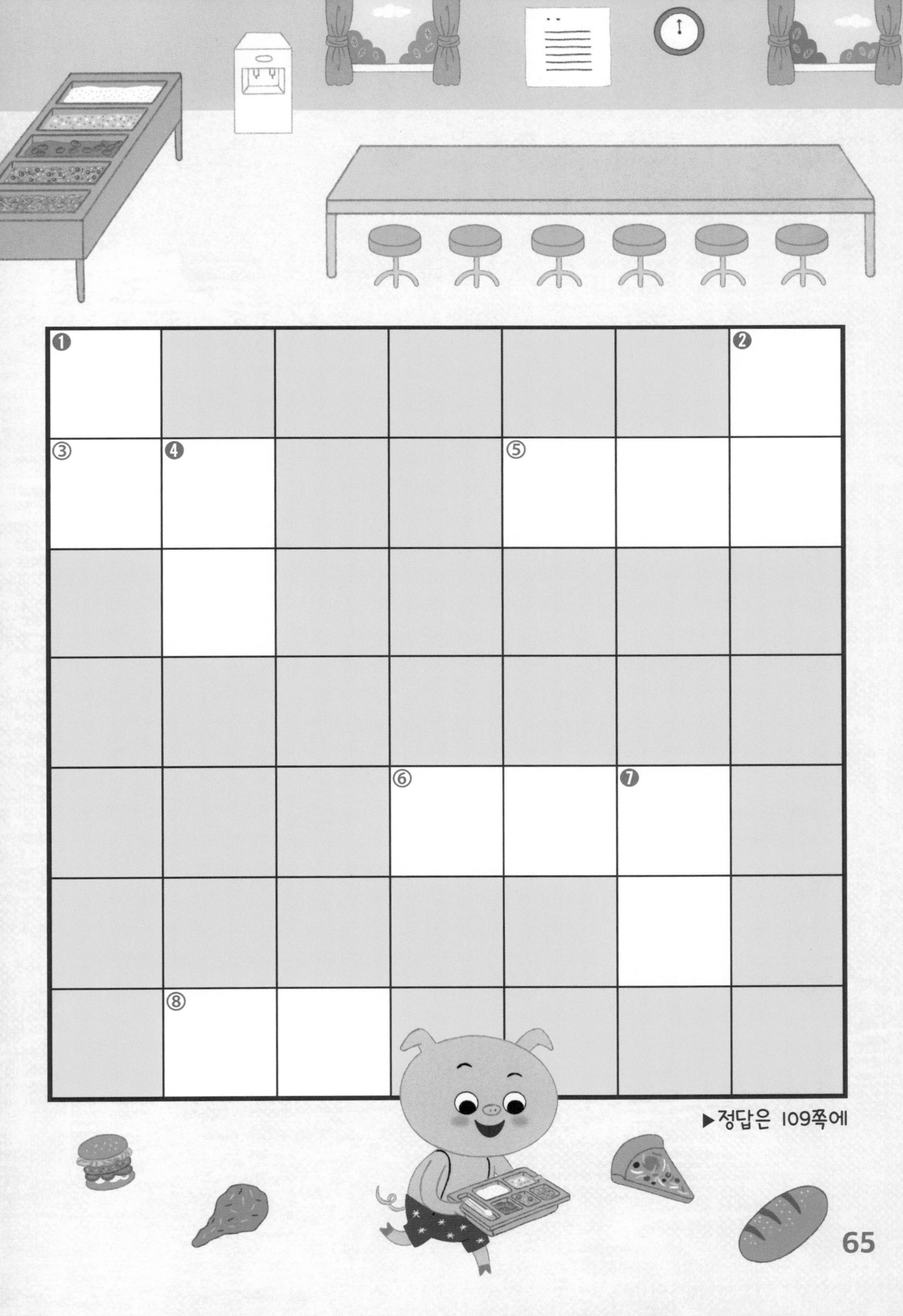

▶정답은 109쪽에

가로세로 교과서 낱말 퍼즐

가로

① 순서 있게 구분하여 벌여 나가는 관계. 예 ㅊㄹ를 지키다.

② 잎자루가 동그랗게 부풀어서 물에 떠서 사는 식물로 늦여름에 연한 자줏빛 꽃이 핀다.

③ 차례를 나타내기 위해 붙이는 숫자.

⑤ 사람들이 시끄럽게 떠들고 마구 행동하는 일.
예 한바탕 ㅅㄷ을 일으키다.

⑥ 크게 벌어진 한판.

세로

❷ 일정한 뜻을 나타내기 위하여 따로 정하여 쓰는 기호.

❹ 음악에 맞추어 하는 체조. 예 ㅇㄷ 체조

❻ 서울을 가로지르는 큰 강.

▶정답은 109쪽에

<보기>에서 설명하고 있는 것이 누구인지
그림에서 찾아 ○해요.

보기

나는 어디 있을까요?

나는 주황색 당근 코예요.
나는 노란색 목도리를 하고 있어요.
나는 초록색 조끼를 입고 있어요.
나는 하늘색 장갑을 끼고 있어요.
나는 연두색 털모자를 쓰고 있어요.

보기

나는 어디 있을까요?

나는 빨간 리본을 두른 밀짚모자를 썼어요.

나는 연두색 넥타이를 하고 있어요.

나는 보라색 셔츠를 입었어요.

나는 남색 바지를 입었어요.

나는 입을 벌리고 활짝 웃고 있어요.

▶정답은 109쪽에

가로세로 교과서 낱말 퍼즐

가로

① 일정한 조건이나 환경 따위에 맞추게 됨.

④ 생활하는 주위의 상태.

⑥ 아버지의 어머니, 또는 어머니의 어머니. 반 할아버지

세로

❷ 운동 경기에서, 선수들이 힘을 낼 수 있도록 돕는 행동.

❸ 두 개 이상의 볼록 렌즈를 써서 멀리 있는 물체를 크고 정확히 보게 하는 기구.

❹ 방 안의 공기를 내보내고 바깥의 공기를 들어오게 하는 구멍.

❺ 자기가 마땅히 맡아서 하는 일.

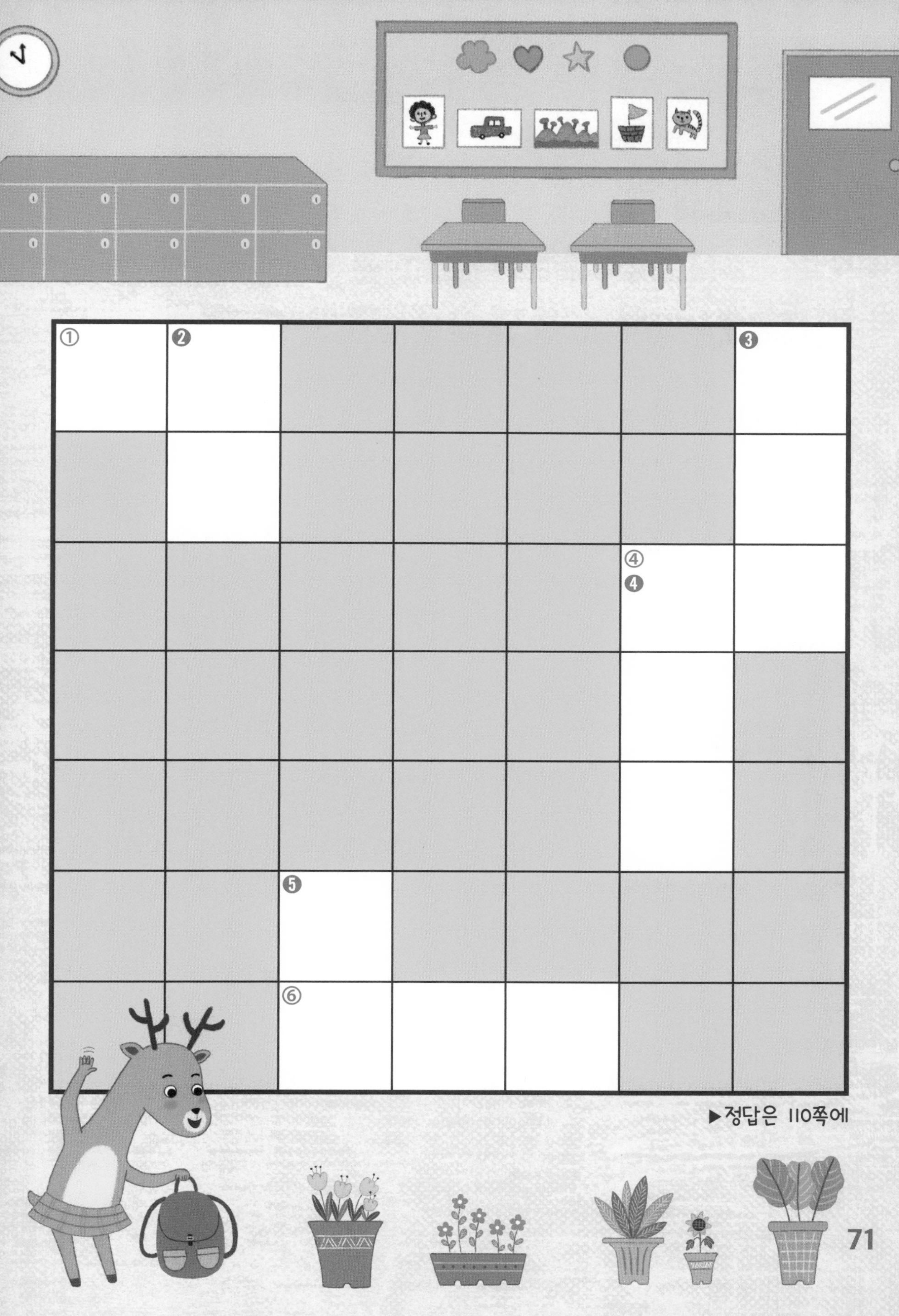

▶정답은 110쪽에

가로세로 교과서 낱말 퍼즐

가로

① 기찻길에서 차와 사람이 건너다닐 수 있게 정해진 곳. 비 횡단보도

③ 공기 중의 수증기가 기온이 내려가거나 찬 물체에 닿아 엉겨서 생기는 물방울. 예 풀잎에 ⓞⓢ이 맺혔다.

⑤ 비, 구름, 바람, 기온 따위가 나타나는 기상 상태. 예 추운 ⓛⓢ

⑦ 마음속으로 괴로워하고 걱정함.

세로

❷ 물에 온몸을 씻는 일.

❹ 슬픈 마음이나 느낌. 반 기쁨

❻ 곡식이나 채소 따위의 씨. 예 ⓢⓞ에서 싹이 트기 시작했다.

❼ 자기가 태어나서 자란 곳.

▶정답은 110쪽에

가로세로 교과서 낱말 퍼즐

가로

① 잠을 자면서 자기도 모르게 하는 중얼거림.

③ 음식을 차리는 데 쓰는 상.

⑤ 손바닥과 손가락을 합친 전체 바닥. 예 ㅅ ㅃ을 치다.

세로

❷ 위험이나 피해를 입지 않도록 안전한 곳으로 피하다.
예 안전한 곳으로 ㄷ ㅍ ㅎ ㄷ.

❹ 직접 경험하지 않은 일이나 사물에 대하여 마음속으로 그려 봄.

❺ 손으로 어떤 것을 열거나 들거나 붙잡을 수 있도록 덧붙여 놓은 부분.

❻ 필요한 것을 조사하여 찾아냄. 예 ㅌ ㄱ 생활

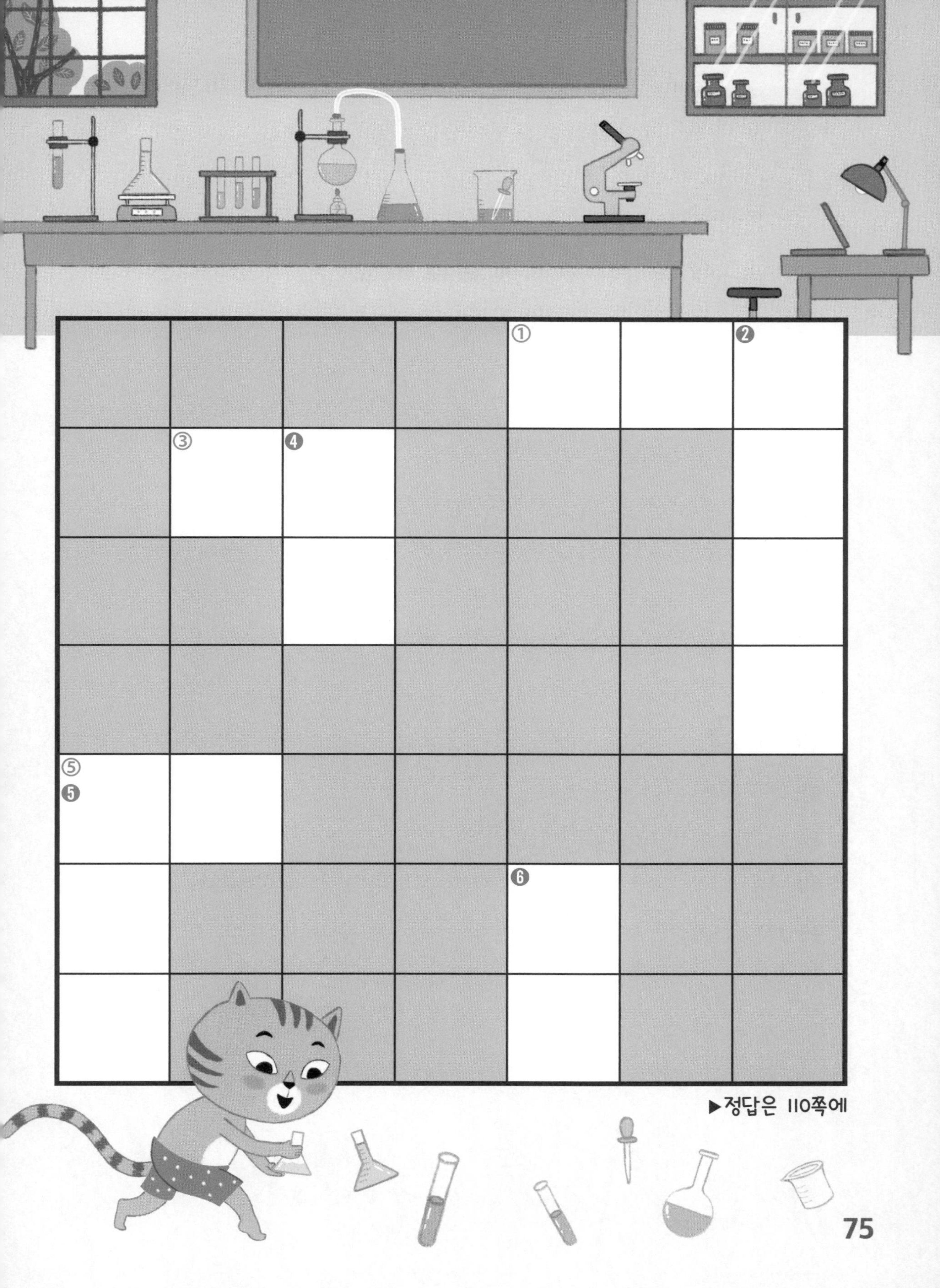

▶정답은 110쪽에

가로세로 교과서 낱말 퍼즐

가로

② 친하게 오래 사귄 사람.

③ 어떤 일이 일어나는 곳.

④ 여러 가지 물품을 한곳에 벌여 놓고 보임. 예 미술 작품 ㉨㉧

⑦ 쇠·구리·금·알루미늄처럼 단단하며, 전기와 열이 잘 통하는 물체.
비 금속

세로

❶ 목구멍에서 나는 소리.

❷ 어머니 아버지와 혈통이 가까운 사람. 예 일가 ㉩㉩

❺ 운동이나 그 밖의 경기에서 서로 승부를 겨루는 일. 예 축구 ㉧㉭

❻ 보통 다섯 살부터 열두 살까지의 아이를 높여서 이르는 말.

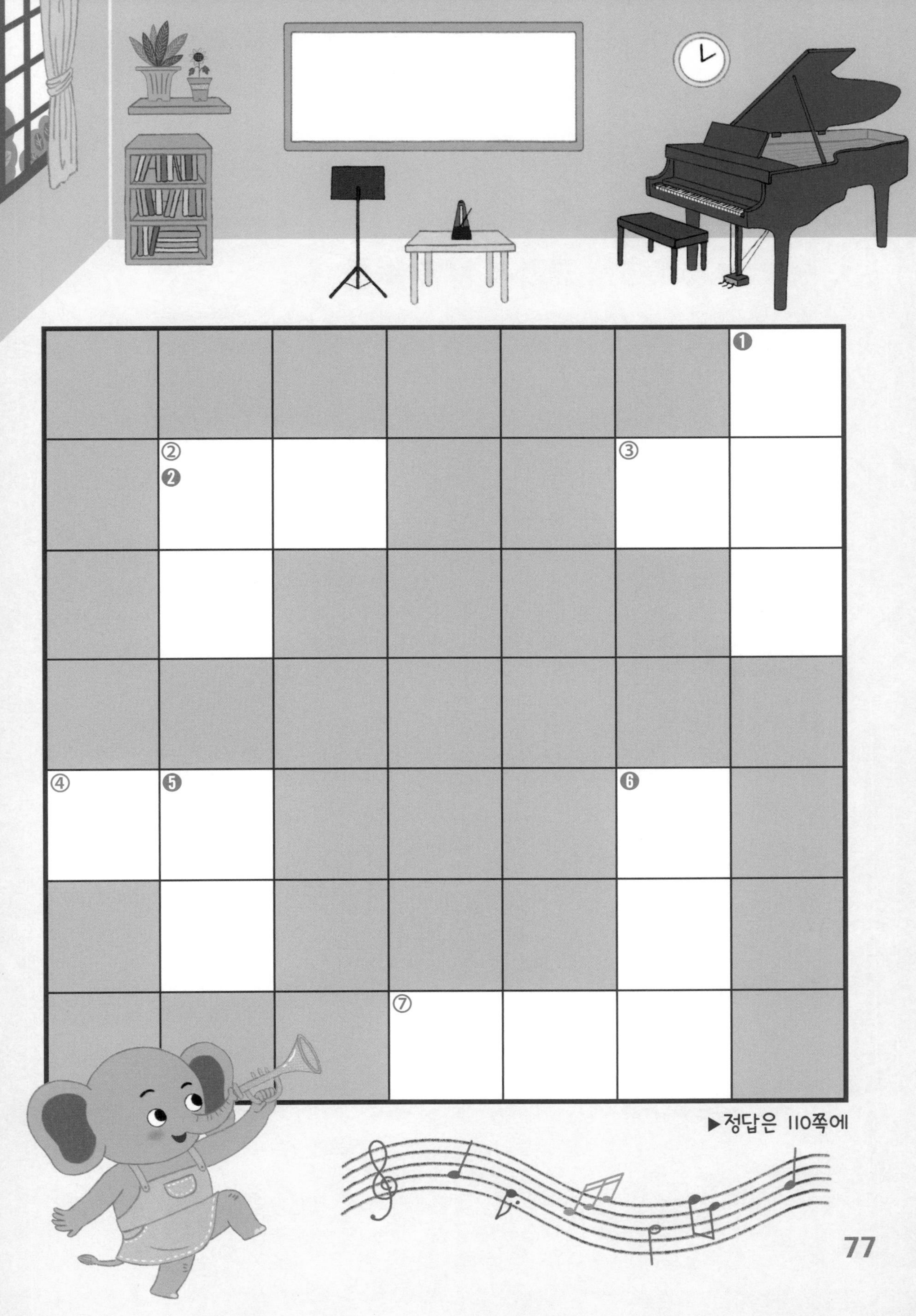

▶정답은 110쪽에

가로세로 교과서 낱말 퍼즐

가로

② 부모님 위로 대대의 어른. 예 ㉧㉦ 대대로 해 온 일이다.

④ 정해진 거리를 빨리 달리는 것을 겨루는 경기.

⑦ 여러 사람이 모여 운동 경기를 하는 모임.

세로

❶ 추위 때문에 살갗이 얼어서 조직이 상하는 일.

❸ 지저분한 상태에 있는 것을 치워서 질서 있는 상태가 되게 함.
예 책상 ㉧㉣

❺ 무용·노래·연극 따위의 예능 발표를 보여 주는 행사.

❻ 누구와 앞으로의 일을 어떻게 할 것인가를 미리 정하는 것.
예 점심을 먹기로 ㉨㉦했다.

❽ 여러 집이 모여 사는 곳. 예 ㉢㉡ 사람들

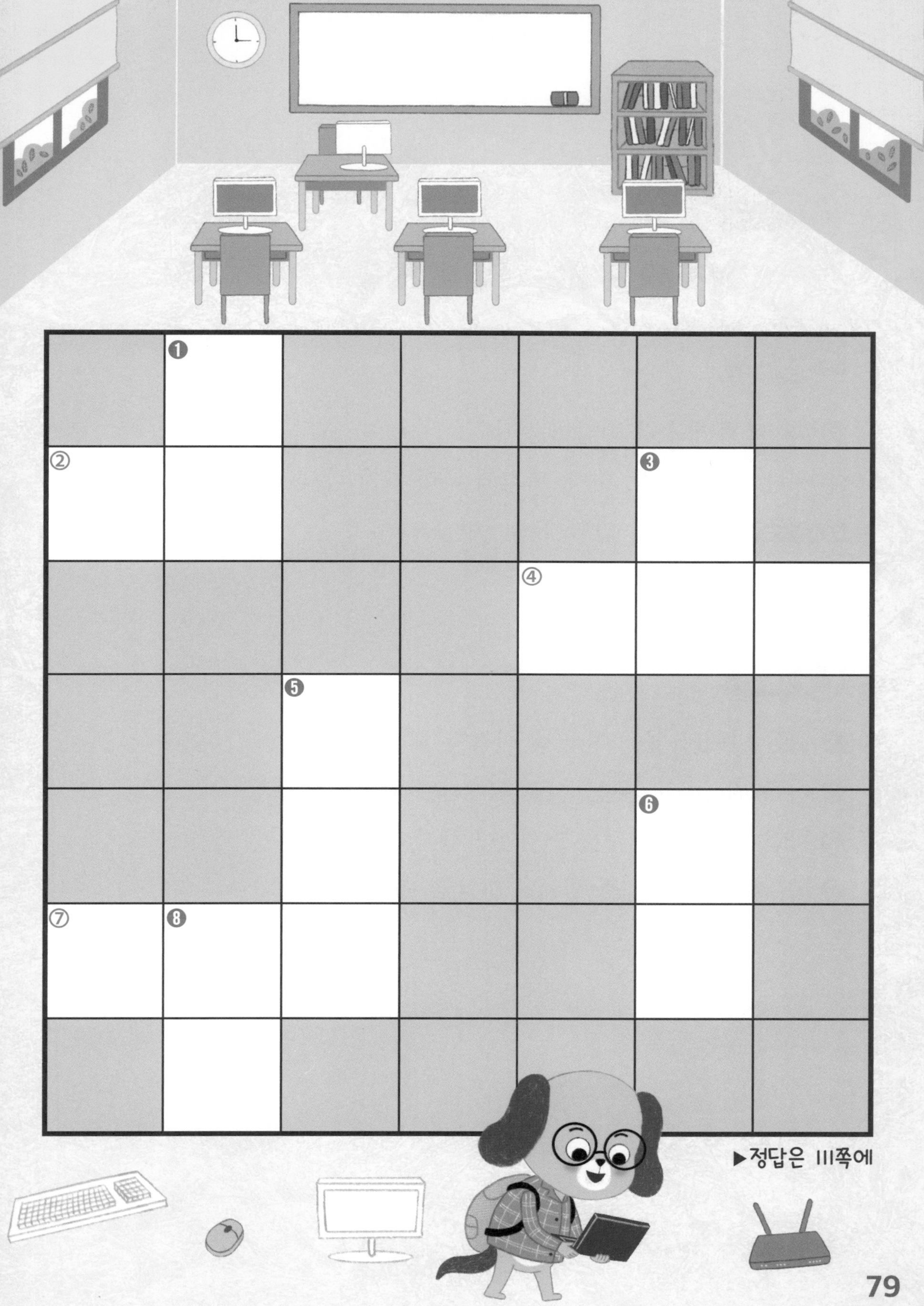

▶정답은 111쪽에

가로세로 교과서 낱말 퍼즐

가로

② 수·양·무게 등을 나타내는 기준.

④ 시각, 청각, 후각, 미각, 촉각의 다섯 가지 감각.

⑦ 일주일의 각 날을 말함. 예 ⓞⓞ별 급식 메뉴

세로

❶ 같은 말이나 일을 여러 번 반복함. 예 잘못을 ㉢㉮ⓞ하지 말아라.

❸ 아주 위험하고 급함. 예 ⓞ㉠을 알리는 사이렌 소리

❺ 마음속에서 일어나는 느낌이나 생각.

❻ 나누어진 여러 개를 합쳐서 하나로 모이게 함.

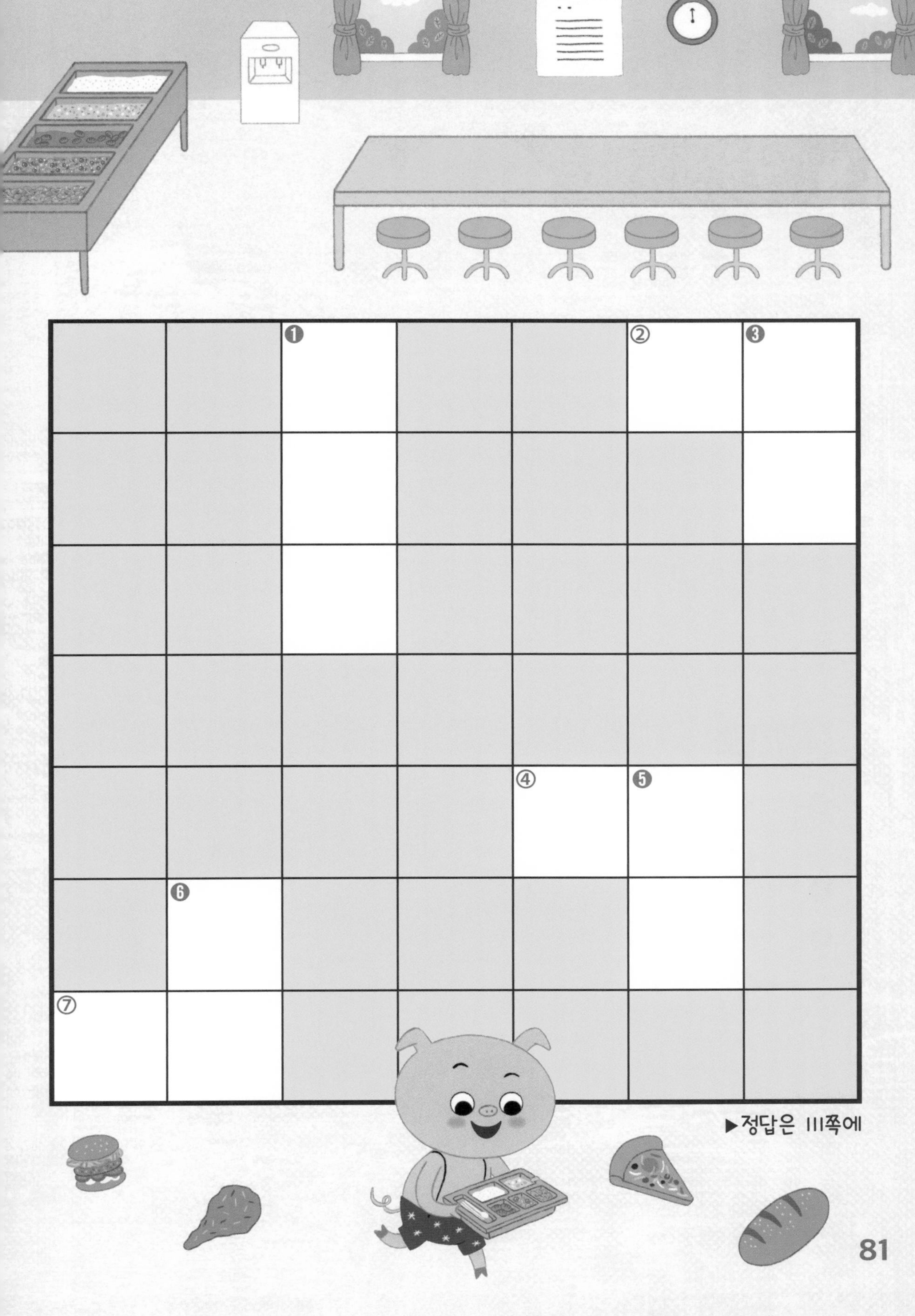

▶정답은 111쪽에

가로세로 교과서 낱말 퍼즐

가로

① 야외에 천막을 치고 생활하는 것. 비 캠핑

③ 마음이나 뜻을 굳게 정함. 예 굳게 ㄷㅈ을 했다.

⑤ 불이 난 것을 끄는 업무를 맡은 기관.

⑦ 겨울에 북쪽에서 남쪽으로 떼지어 날아와 물가에서 살다 가는 물새. 예 ㄱㄹㄱ가 날아갔다.

세로

❷ 생물이 성장하고 활동하는 데 필요한 물질.
예 ㅇㅇㅅ를 골고루 먹어야 한다.

❹ 남의 형편을 어림잡아 알아차림.

❻ 설명을 쉽게 이해하도록 그림이나 표로 나타낸 예시.
비 본보기

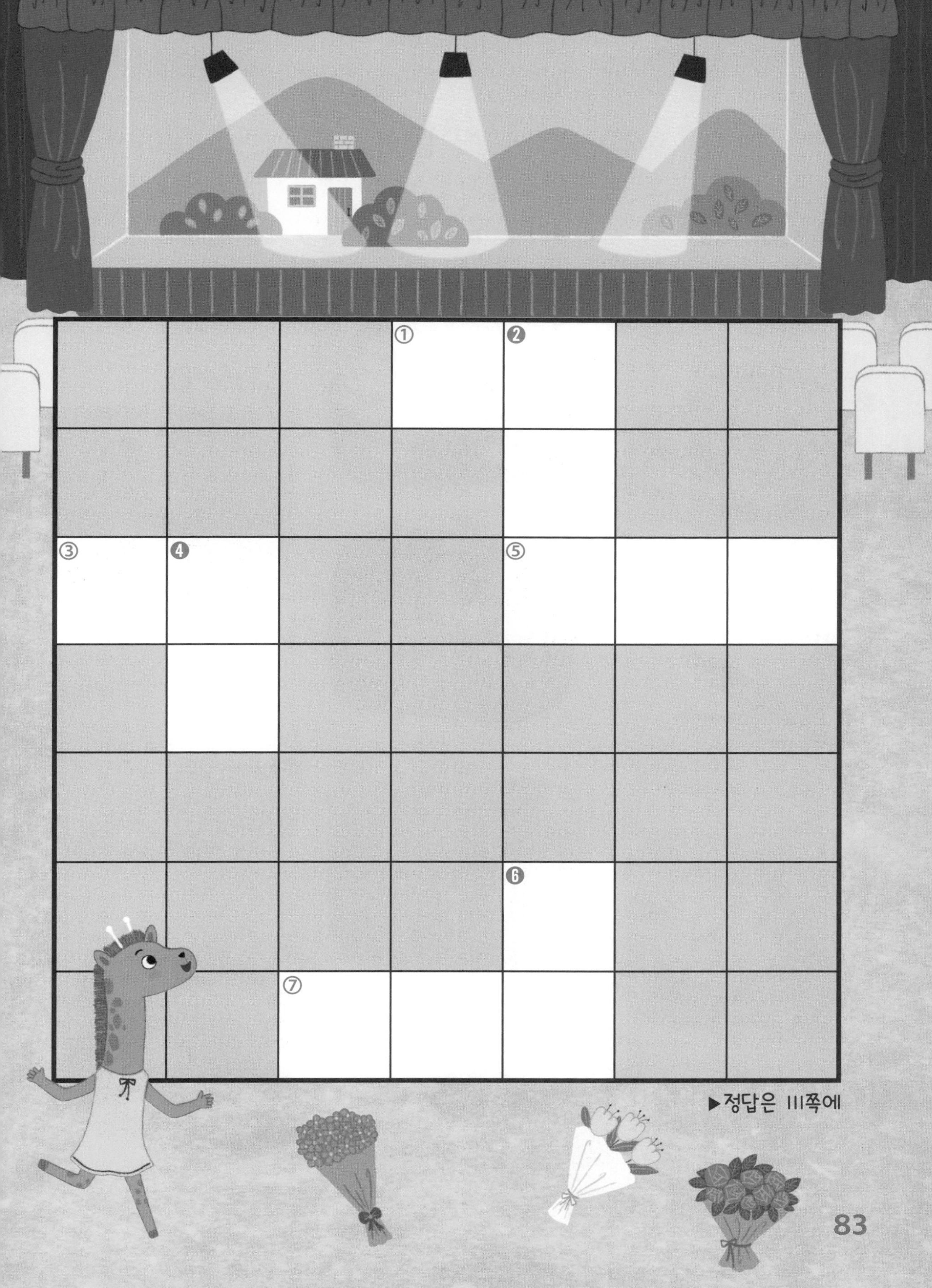

▶정답은 111쪽에

아래는 교과서 낱말 중 '생물'에 관련된 낱말이에요.
오른쪽 판에서 글자를 가로, 세로, 대각선으로 이어
10개의 낱말을 모두 찾아보세요.

거북

물고기

비둘기

물가사리

기러기

코스모스

새싹

무궁화

부레옥잠

해바라기

조	거	즈	앙	굴	스	호	비	손	둘
거	북	복	물	고	기	서	융	둘	타
문	아	요	채	유	지	유	리	허	기
곤	윽	갓	크	기	러	기	정	무	현
불	가	사	리	민	영	함	눙	무	루
화	부	학	묵	로	율	비	측	궁	미
코	느	새	싹	능	백	부	래	화	기
스	다	김	은	이	숭	쁘	레	미	쿠
모	강	주	리	쿠	넝	배	카	옥	정
스	번	들	나	해	바	라	기	마	잠

▶정답은 111쪽에

가로세로 교과서 낱말 퍼즐

가로

② 일이 생기게 된 원인. 예 지각한 ㄲㄷ

③ 아직까지 없던 기술이나 물건을 새로 생각하여 만들어 냄.

⑥ 소리 없이 빙긋이 웃는 모습.

⑦ 어떤 내용의 글을 적은 작은 종이.

세로

❶ 사람이 살아서 숨 쉬고 활동할 수 있게 하는 힘.

❹ 여럿이 모여 시끄럽게 떠드는 모양. 예 갑자기 밖이 ㅇㅈㅈㄲ 시끄러워.

❺ 더럽거나 어지러운 것을 쓸고 닦아서 깨끗하게 함.

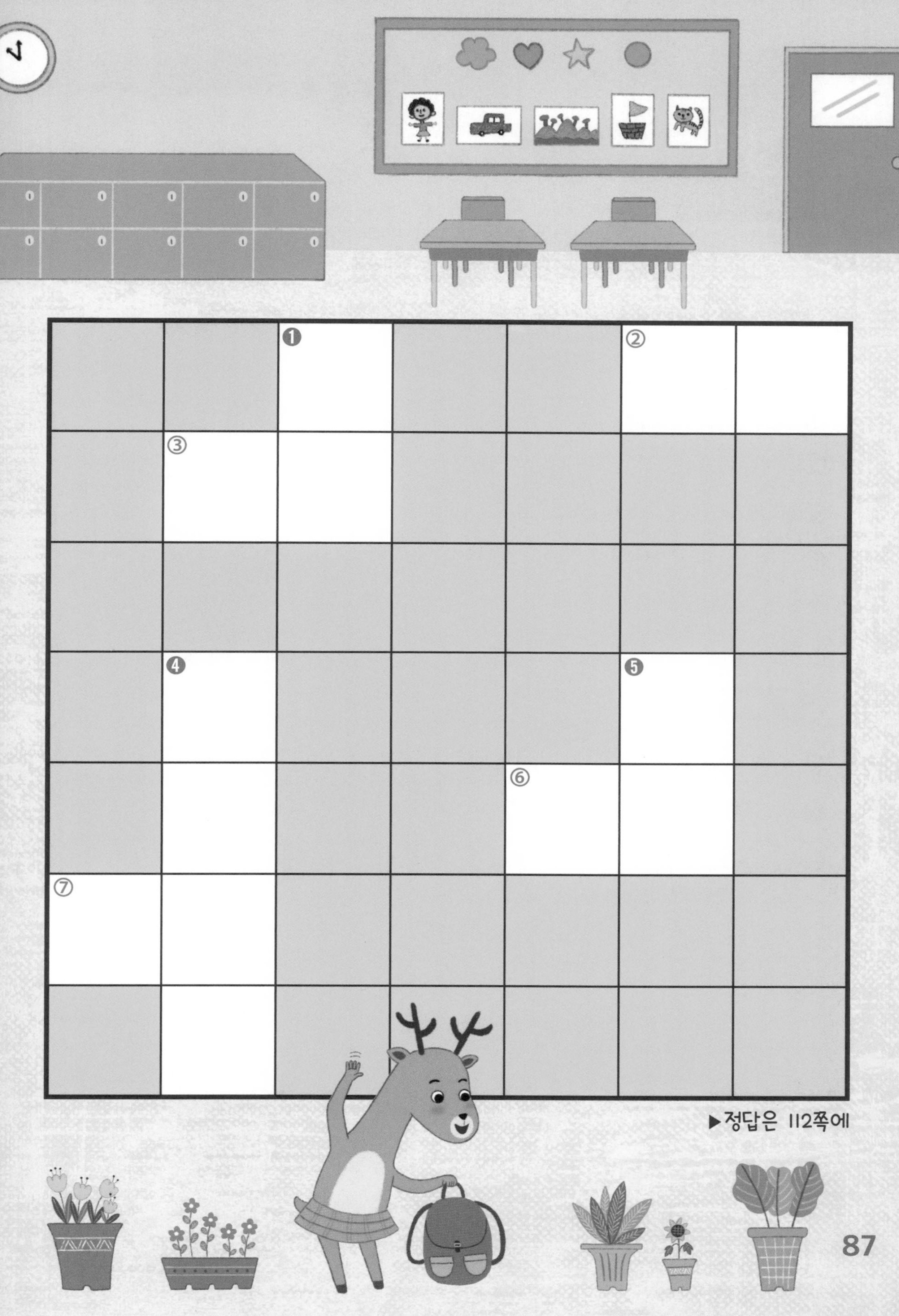

▶정답은 112쪽에

가로세로 교과서 낱말 퍼즐

가로

① 풍속과 습관을 모두 이르는 말. 비 풍속

③ 눈이 잠깐 감겼다 뜨이는 모양. 관 눈 ㄲㅂ할 사이

⑥ 일반 국민을 옛날식으로 부르는 말.

⑧ 술래가 숨은 사람들을 찾아내는 놀이.

세로

❷ 어떤 행동을 되풀이하면서 굳어진 버릇. 비 버릇

❹ 음악적 시간을 구성하는 기본 단위. 예 ㅂㅈ가 빠르다.

❺ 높은 곳에서 달아 놓은 바퀴에 줄을 걸어 물건을 담아, 쉽게 들어 올리는 장치. 예 ㄷㄹㄹ로 물건을 올렸다.

❼ 산소를 찾아가서 인사를 드리고 돌봄.

▶정답은 112쪽에

가로세로 교과서 낱말 퍼즐

가로

① 자나 저울 따위에 물건의 길이나 무게를 나타내기 위한 금.
예 온도계의 ㄴㄱ

② 물건이 지닌 쓸모. 비 값어치

⑥ 연극이나 영화의 한 광경을 나타내는 부분.

⑦ 상한 음식을 먹은 뒤, 배가 아프거나 설사, 구토, 두드러기가 나는 현상.

⑨ 식물이 수정한 후에 생기는 것으로 이 속에 씨가 들어 있음.
예 ㅇㅁ가 열렸다.

세로

❶ 눈과 서리를 아울러 이르는 말. 예 나무에 ㄴㅅㄹ가 폈다.

❸ '이'를 점잖게 이르는 말.

❹ 기구나 기계가 제대로 움직이지 못하게 되는 것.
예 자동차가 ㄱㅈ이 났다.

❺ 사람의 식량이 되는 쌀, 보리, 밀 등의 곡물.

❽ 일정한 차례나 간격에 따라 벌여 놓음. 예 ㅂㅇ 순서

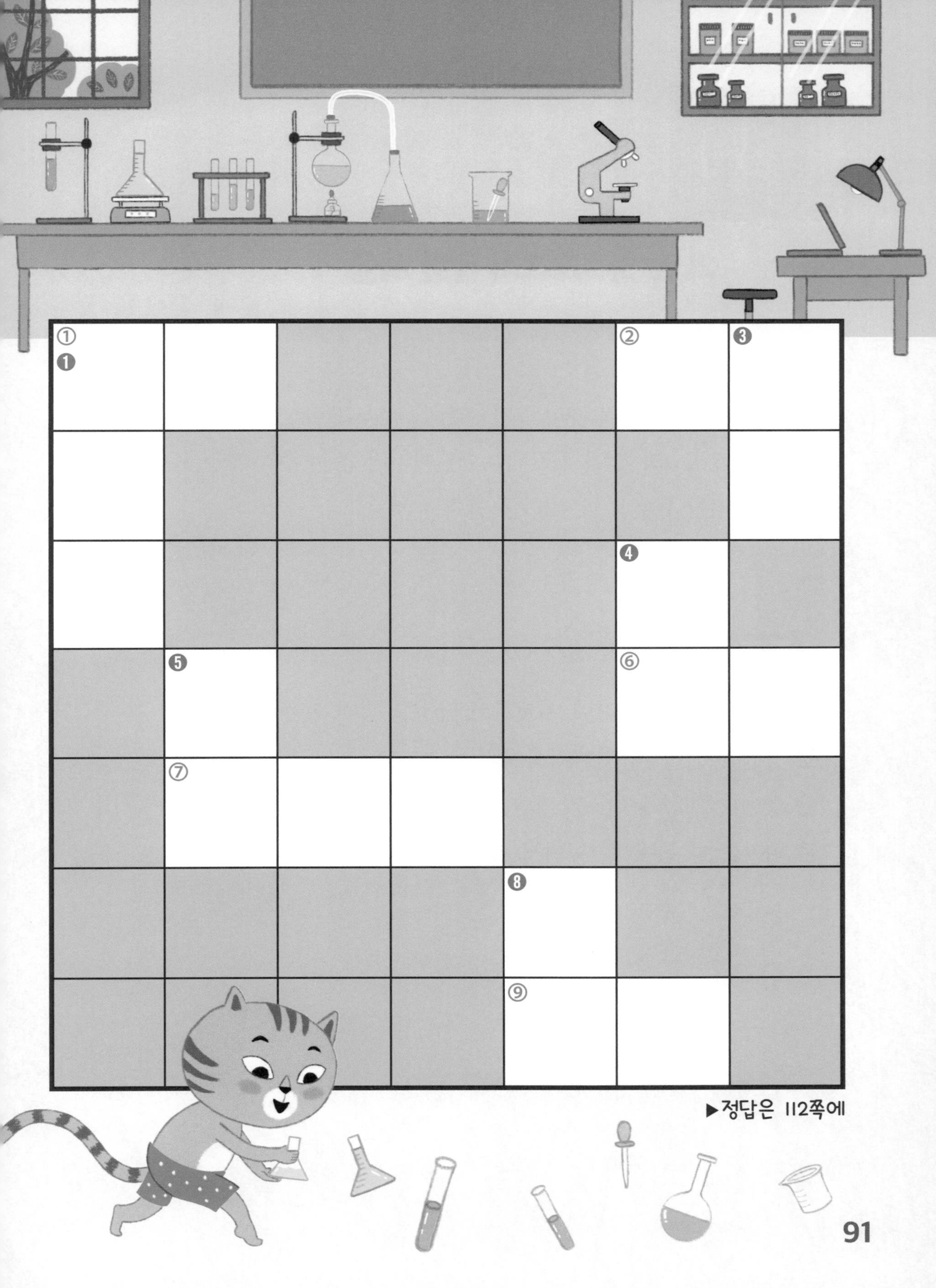

▶정답은 112쪽에

가로세로 교과서 낱말 퍼즐

가로

② 도와주거나 보살펴 주려고 마음을 씀. 예 노인을 ㉥㉣하자.

④ 1, 3, 5, 7…과 같이 2로 나누어떨어지지 않는 수. 반 짝수

⑥ 잠을 자거나 누울 때 머리를 받치는 것.

세로

❶ 여러 사람이 다 같이 지키기로 작정한 법칙. 예 ㉠㉧을 지키다.

❷ 가는 손님을 따라 나가서 작별함. 반 마중

❸ 강이나 개천에 갑자기 물이 크게 불어남. 예 장마 때문에 ㉬㉦가 나다.

❺ 피곤할 때 몸을 쭉 펴면서 팔다리를 뻗는 일.

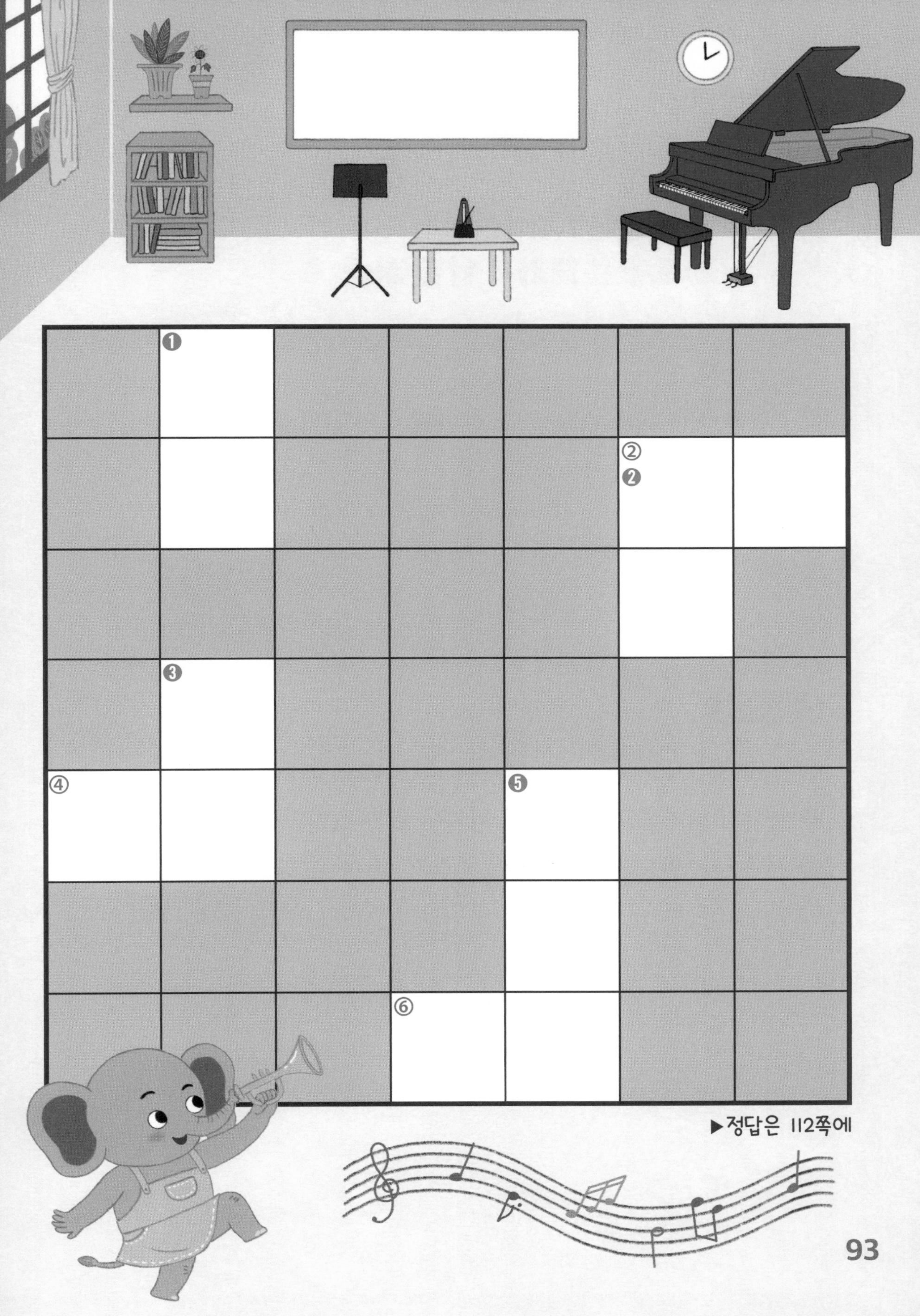

▶정답은 112쪽에

가로세로 교과서 낱말 퍼즐

가로

② 눈, 코, 귀, 혀, 살갗을 통하여 바깥의 어떤 자극을 알아차림.

③ 일의 끝맺음. 반 시작

⑥ 구름과 구름 사이에서 번쩍이는 불꽃. 예 천둥 ㉥㉠가 치다.

⑧ 학교에서 아프면 가는 곳.

세로

❶ 어떤 물건으로부터 떨어져 나온 작은 부분.

❹ 물건의 겉에 색깔과 선으로 나타나 있는 일정한 모양.

❺ 서로 나누어서 하는 일을 할 차례가 된 사람. 예 급식 ㉢㉥

❼ 자기도 모르는 사이에 물건 따위를 잃어버림. 예 지갑을 ㉥㉦하다.

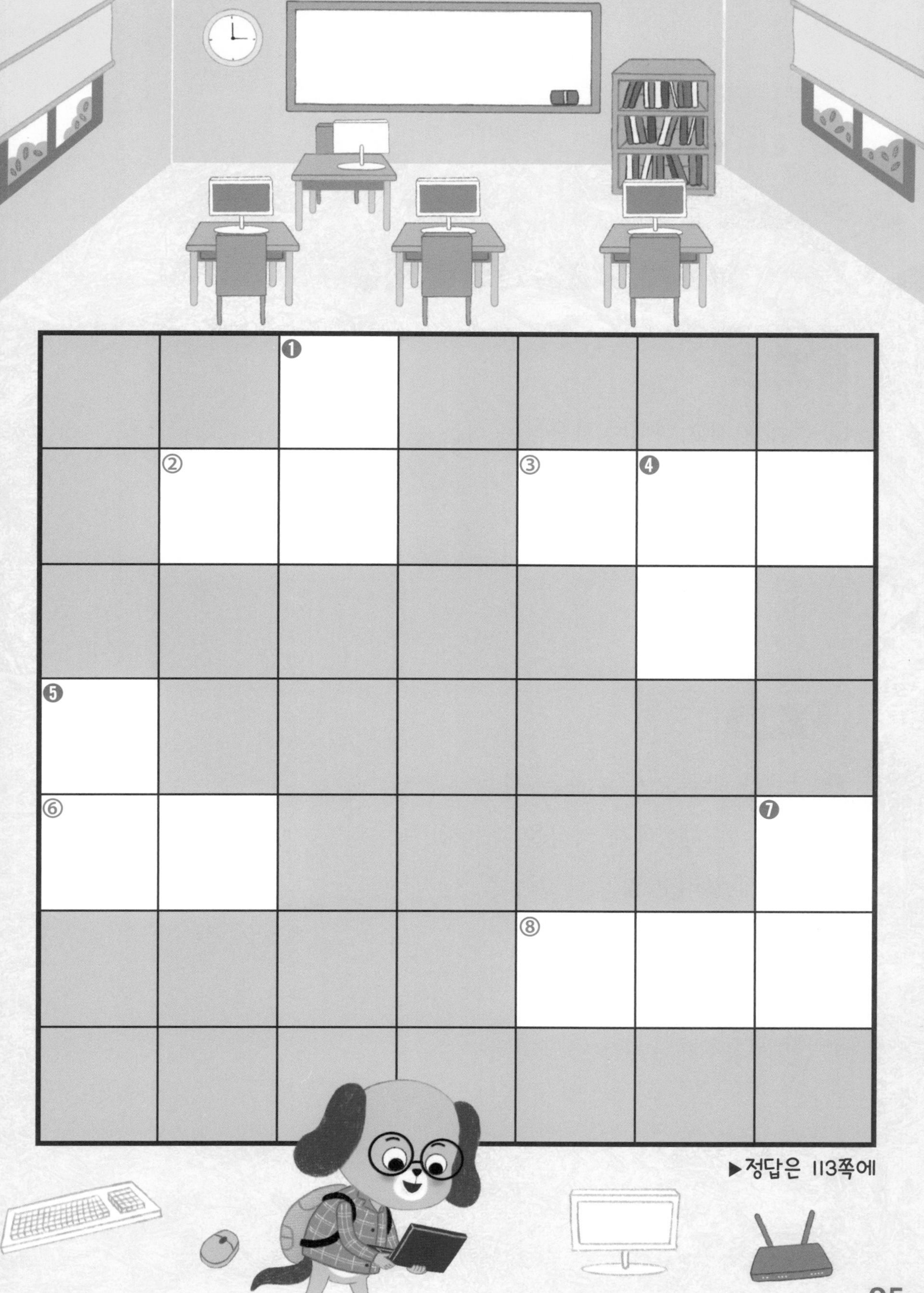

▶정답은 113쪽에

가로세로 교과서 낱말 퍼즐

가로

② 몸에 가지고 다니며 사용하는 작은 수건.

④ 가늘게 내리는 비. 예 ㉠㉣㉥가 내려요.

⑥ 날이 새서 밝아질 때까지의 시간.
예 그는 ㉧㉧ 일찍 일어난다.

세로

❶ 모양을 갖추고 있는 모든 사물. 비 물체

❸ 선생님이 학생에게 지식을 가르쳐 주는 일.

❺ 남에게 알리지 않고 숨기는 것.

❻ 젖 먹는 아이. 비 아가

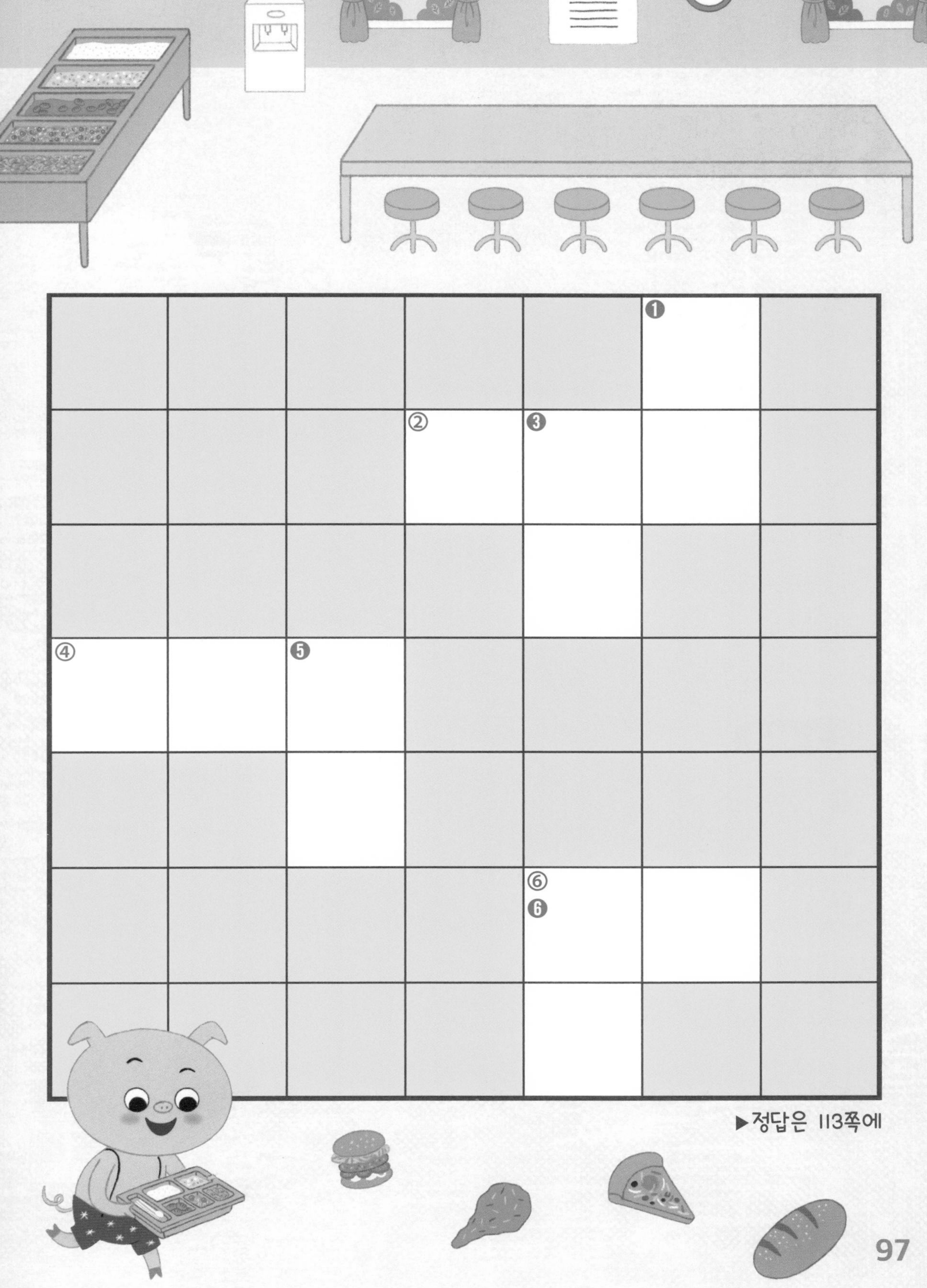

▶정답은 113쪽에

가로세로 교과서 낱말 퍼즐

가로

② 눈 뭉치로 사람 모양을 만든 것.

③ 비가 올 때 펴서 머리 위를 가리는 것.

④ 귀에 들리는 것. 예 음악 ㅅㄹ가 아름답다.

⑤ 송편을 지어 먹는 명절. 같 한가위

⑥ 학생에게 교육하는 기관. 예 ㅎㄱ에 다니다.

세로

❶ 사는 곳을 다른 데로 옮기는 것.

❸ 우리가 사는 나라를 스스로 이르는 말. 비 조국

❼ 사람이 이동하거나 짐을 실어 나르는 일.
예 버스는 ㄱㅌ수단 중 하나입니다.

▶정답은 113쪽에

퀴즈 06

친구들이 재미있는 끝말잇기 놀이를 하고 있어요.
<보기>의 설명을 읽고 빈칸에 알맞은 낱말을 넣어요.

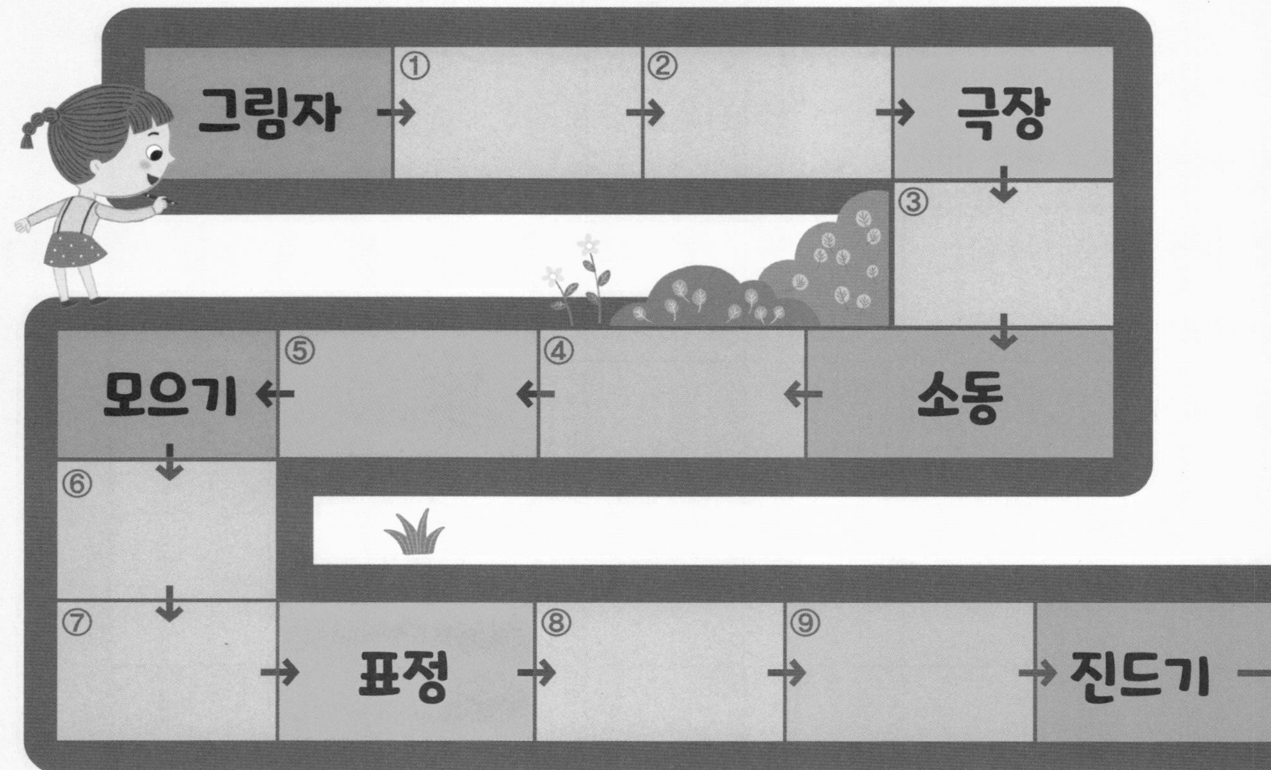

보기

① 산, 강, 바다처럼 저절로 생겨난 환경.
② 배우가 무대 위에서 말과 동작으로 이야기를 보여 주는 예술.
③ 어떤 일이 일어나는 곳.
④ 여러 집이 모여 사는 곳.
⑤ 네 개의 직선으로 둘러싸인 평면 도형.
⑥ 재치가 있고 남달리 뛰어남.
⑦ 어떤 사실이나 결과를 여러 사람에게 알리는 것.
⑧ 움직이고 있던 것이 멎거나 그침.
⑨ 화산 활동이나 땅속 물질이 움직여서 땅이 흔들리는 것.

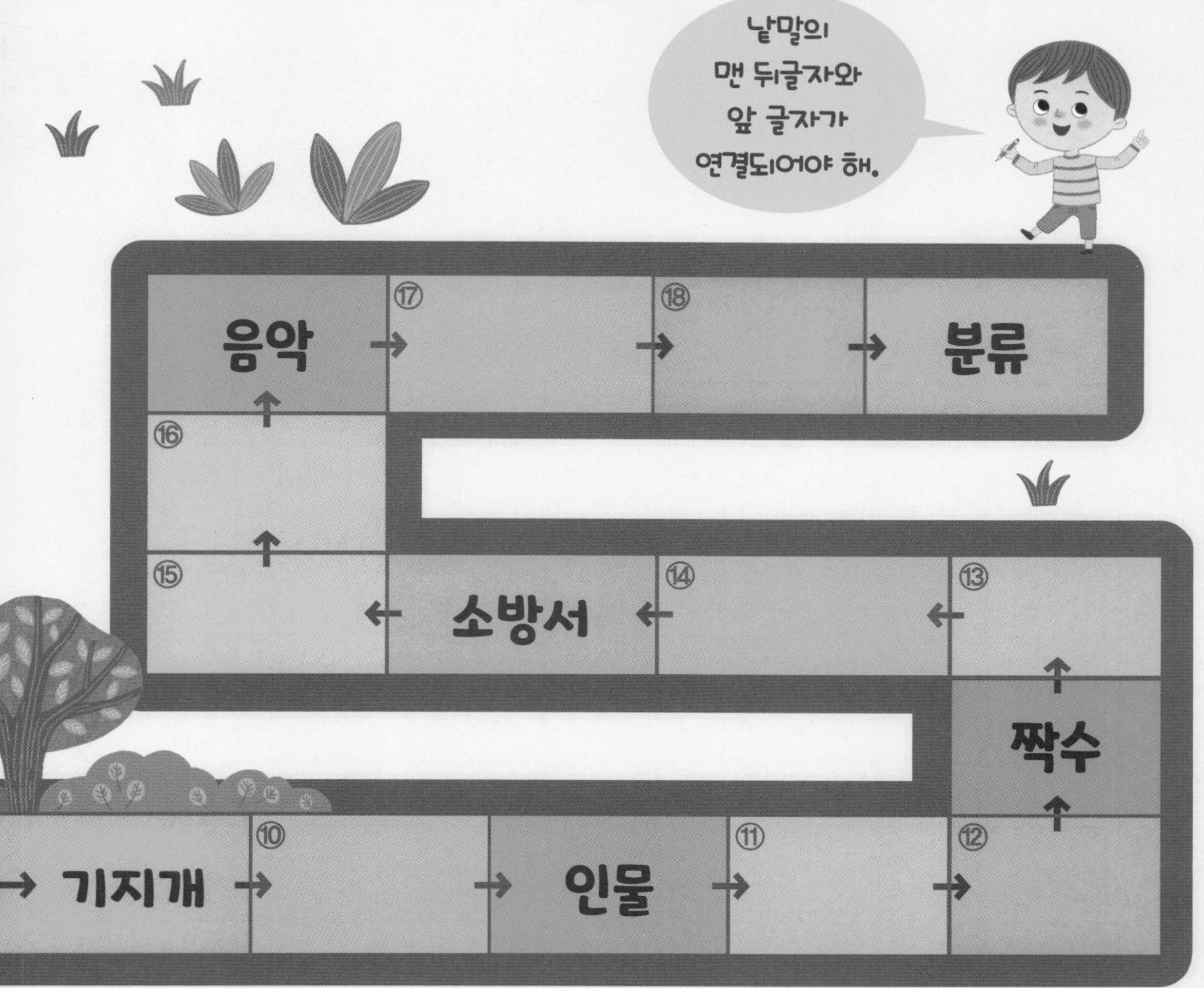

보기

⑩ 한 나라나 사회, 단체 등을 구성하는 하나하나의 사람.
⑪ 물이 세차게 흐르는 기운.
⑫ 힘을 들이지 않고 가볍게 움직이는 모양.
⑬ 물속을 헤엄치는 일.
⑭ 생물이 성장하고 활동하는 데 필요한 물질.
⑮ 한 나라의 최고 행정 기관인 중앙 정부가 있는 곳.
⑯ 우는 일, 또는 우는 소리.
⑰ 음악을 연주할 때 사용되는 기구.
⑱ 상황에 따라 생기는 감정.

▶정답은 113쪽에

7쪽

	①글	❷자				
		연		③누	❹나	
					그	
❺선					네	
⑥생	선					
님						❼낚
			⑧꼭	두	각	시

9쪽

		①탈	출		②❷간	판
					직	
	❸묵					
④마	음	가	짐			
				⑤❺물	음	
				살		

11쪽

	❶무					
②간	지	럼				
	개			❸해		
			④삯	바	느	❺질
				라		투
⑥홍	❼보			기		
	물					

13쪽

	①❶태	풍				
	극					
	기			②꾸	러	❸미
		④낙	엽			세
⑤시	❻계					먼
	절			⑦허	벅	지

15쪽

			❶국			
		②일	기	예	❸보	
					람	
④기	❺발					
	⑥표	현				
					❼세	
			⑧코	스	모	스

17쪽

①❶받	침			❷빙		
아			③동	그	라	미
④쓰	임			레		
기						❺의
		❻어				논
	⑦그	림	자			하
						다

19쪽

				①날	❷짜	
	❸휘				임	
	파					
④바	람	개	비			
					⑤❺낱	말
			⑥지	우	개	

20쪽

21쪽

1 먼저 남에게 말이나 행동을 좋게 해야 남도 나에게 좋게 한다.

➔ 가는 말이 고와야 오는 말이 곱다.

2 애쓰던 일에서 실패하거나 남보다 뒤떨어져 어찌할 수가 없다.

➔ 닭 쫓던 개 지붕 쳐다본다.

3 일이 잘못된 뒤에는 뉘우치거나 바로잡으려 해도 소용이 없다.

➔ 소 잃고 외양간 고친다.

4 말만 잘하면 어렵거나 불가능해 보이는 일도 해결할 수 있다.

➔ 말 한 마디에 천 냥 빚 갚는다.

5 가까이에 있는 것을 오히려 알아보지 못한다.

➔ 등잔 밑이 어둡다.

23쪽

①네	②모		③축	제		
	형					
					❹낭	
		❺양			⑥송	❼편
⑧비	사	치	기			안
		질				하
						다

25쪽

	①❶모	으	②기			
	둠		뼘			
					❸심	
			④문	장	부	호
❺곱					름	
⑥하	품					❼포
기						함

27쪽

	❶요					
②확	정					
		③❸겨	드	랑	이	
		울				
		나		❹짝		
	⑤일	기		⑥수	❼수	깡
					염	

29쪽

		❶방				
②맞	춤	법			③칭	찬
				④어	❺머	니
		❻빨			리	
	⑦덧	셈			카	
			⑧발	가	락	

31쪽

			①애	❷벌	레	
				판		
③소	꼽	❹놀	이			
		이				
		터		❺마		❻육
				술		각
				⑦사	각	형

33쪽

		①❶칠	교	놀	이	
②게	❸시	판				
	각			❹쓰		
			⑤크	레	파	스
				기		
	⑥무	궁	❼화			
			면			

35쪽

①❶비	행	기			❷크	
상			③❸비	둘	기	
구			교			
			④상			
		⑤특	징			
					⑥새	싹

37쪽

정답

39쪽

				①폭	력	
		❷오				
		③누	룽	지		
④나	들	이				
				❺승		
	❻오		⑦강	강	술	래
⑧안	전			기		

41쪽

					①❶세	균
		②❷표	정		배	
③❸아	버	지				
저		판				
씨						❹난
				⑤회	오	리

43쪽

			①❶오	각	형	
			후			
②지	저	❸분	하	다		❹더
		위				듬
⑤재	채	기		⑥엉	덩	이

45쪽

				❶번		
	②원		③껍	데	기	
				기		
	❹공					❺호
	사				⑥바	탕
⑦만	장	일	치			하
						다

47쪽

		❶막				
❷지		대				
③진	드	기		❹허		
				수		
			⑤할	아	버	지
❻황				비		
⑦사	다	리				

49쪽

	①인	❷물				
		고				
		기			❸확	
				④❹주	인	공
				말		
	❺건					
⑥완	성					

51쪽

①횡	단	보	❷도			
			움			
						❸불
						가
		④❹영	역		⑤행	사
	⑥❻실	감				리
	천					

52쪽~53쪽

정답

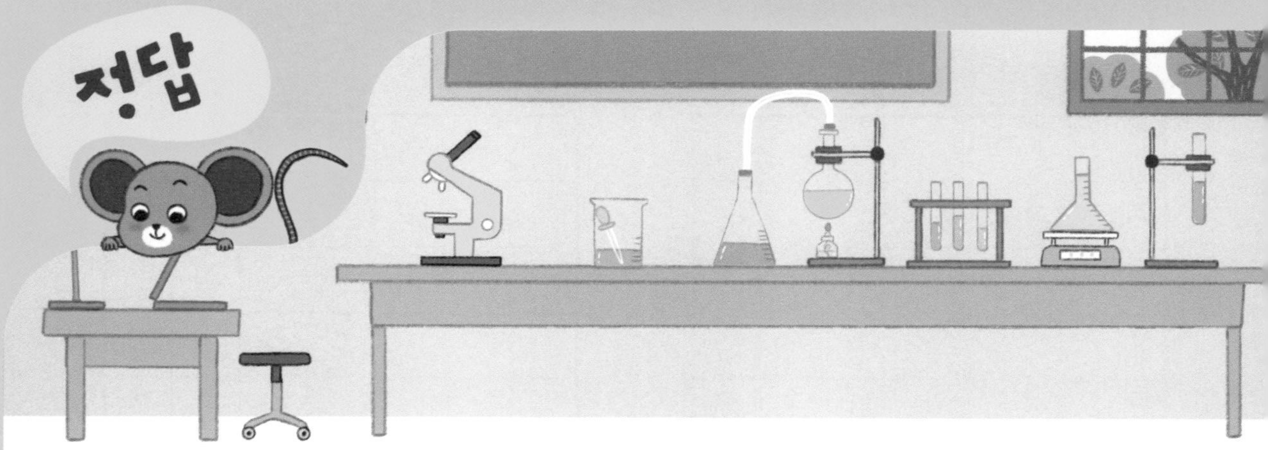

55쪽

	①❶연	극				
	기					
				❷긴		
		③운	❹동	장		
			생		❺젓	
⑥접	촉				⑦가	면
					락	

57쪽

①해	❷충					
	치		❸순			
			④서	랍		
						❺꼭
					⑥몸	짓
⑦도	❽화	지				점
	창					

59쪽

				❶벌		
				②초	대	
❸애		❹돈				
국		보				
⑤가	르	기				
						❻반
					⑦한	복

61쪽

		①공	❷사	판		
			촌			
				③여	러	❹분
	❺평					류
⑥산	소		⑦❼변	덕		
			신			

63쪽

	❶담					
	②장	난	감			
						❸결
					④멍	석
						하
	⑤❺미	끄	럼	틀		다
⑥위	로					

65쪽

❶뭉						❷거
③치	❹과			⑤참	기	름
	정					
			⑥오	솔	❼길	
					이	
	⑧빈	칸				

67쪽

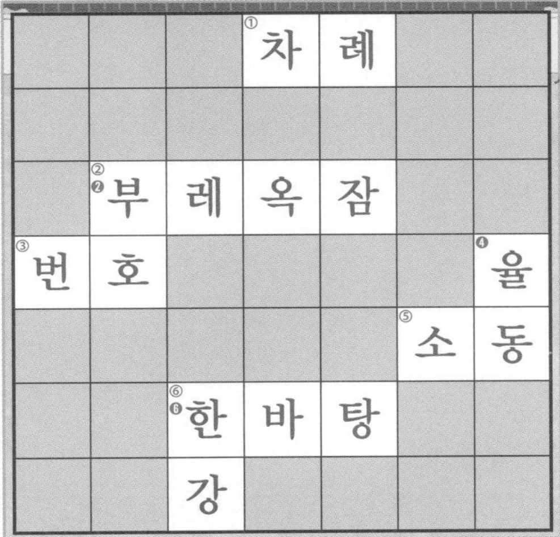

			①차	례		
	②❷부	레	옥	잠		
③번	호					❹율
					⑤소	동
		⑥❻한	바	탕		
		강				

68쪽

보기
나는 어디 있을까요?
나는 주황색 당근 코예요.
나는 노란색 목도리를 하고 있어요.
나는 초록색 조끼를 입고 있어요.
나는 하늘색 장갑을 끼고 있어요.
나는 연두색 털모자를 쓰고 있어요.

69쪽

보기
나는 어디 있을까요?
나는 빨간 리본을 두른 밀짚모자를 썼어요.
나는 연두색 넥타이를 하고 있어요.
나는 보라색 셔츠를 입었어요.
나는 남색 바지를 입었어요.
나는 입을 벌리고 활짝 웃고 있어요.

71쪽

①적	❷응					❸망
	원					원
					④❹환	경
					기	
					구	
		❺역				
		⑥할	머	니		

73쪽

	①건	널	❷목		③이	❹슬
			욕			픔
⑤날	❻씨					
	앗				⑦❼고	민
					향	

75쪽

				①잠	꼬	❷대
	③밥	❹상				피
		상				하
						다
⑤❺손	뼉					
잡				❻탐		
이				구		

77쪽

						❶목
	②❷친	구			③장	소
	척					리
④전	❺시				❻어	
	합				린	
			⑦쇠	붙	이	

79쪽

	❶동					
②조	상				❸정	
				④달	리	기
		❺학				
		예			❻약	
⑦운	❽동	회			속	
	네					

81쪽

		❶되			②단	❸위
		풀				급
		이				
				④오	❺감	
	❻통				상	
⑦요	일					

83쪽

			①야	❷영		
				양		
③다	❹집			⑤소	방	서
	작					
				❻보		
		⑦기	러	기		

85쪽

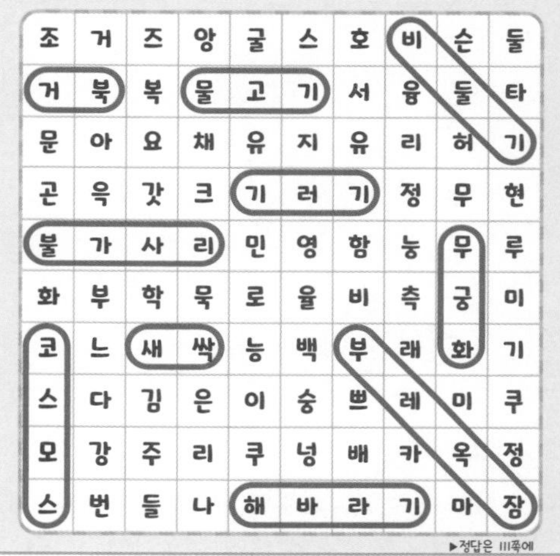

조	거	즈	앙	굴	스	호	비	손	둘
거	북	복	물	고	기	서	융	둘	타
문	아	요	채	유	지	유	리	허	기
곤	욱	갓	크	기	러	기	정	무	현
불	가	사	리	민	영	함	농	무	루
화	부	학	묵	로	율	비	측	궁	미
코	느	새	싹	농	백	부	래	화	기
스	다	김	은	이	숭	쁘	레	미	쿠
모	강	주	리	쿠	넝	배	카	옥	정
스	번	들	나	해	바	라	기	마	잠

▶정답은 111쪽에

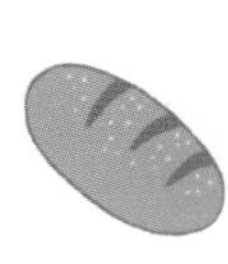
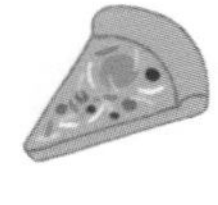

87쪽

		❶생			②까	닭
	③발	명				
	❹왁				❺청	
	자			⑥미	소	
⑦쪽	지					
	껄					

89쪽

				①풍	❷습	
③깜	❹박				관	
	자					
				❺도		
				르		
⑥백	❼성		⑧술	래	잡	기
	묘					

91쪽

①❶눈	금				②가	❸치
서						아
리					❹고	
	❺곡				⑥장	면
	⑦식	중	독			
				❽배		
				⑨열	매	

93쪽

	❶규					
	칙				②❷배	려
					웅	
	❸홍					
④홀	수			❺기		
				지		
			⑥베	개		

95쪽

		❶조				
	②감	각		③마	④무	리
					늬	
⑤당						
⑥번	개					⑦분
				⑧보	건	실

97쪽

					❶물	
			②손	③수	건	
				업		
④가	랑	⑤비				
		밀				
				⑥아	침	
				기		

99쪽

					❶이	
				②눈	사	람
	③우	산				
④소	리				⑤추	석
	나					
	라			⑥학	⑦교	
					통	

100쪽

101쪽

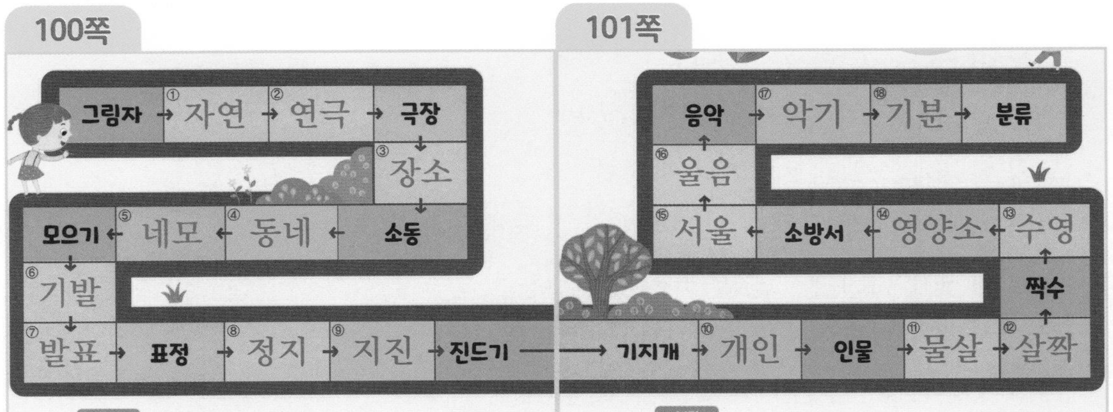

낱말 사전

ㄱ

가랑비 가늘게 내리는 비.

가르기 쪼개거나 나누어 따로따로 되게 하다.

가면 종이, 나무, 흙 따위로 사람이나 동물의 얼굴 모양을 본떠 만든 것.

가치 물건이 지닌 쓸모.

간지럼 간지러운 느낌.

간직 잘 챙겨서 넣어 둠.

간판 가게 이름이 잘 보이도록 써놓은 표지판.

감각 눈, 코, 귀, 혀, 살갗을 통하여 바깥의 어떤 자극을 알아차림.

감상 마음속에서 일어나는 느낌이나 생각.

강강술래 정월 대보름날이나 팔월 한가위에 여러 사람이 함께 손을 잡고 빙빙 돌면서 춤을 추고 노래를 부르는 민속놀이.

거름 식물이 잘 자라도록 흙에 주는 물질.

건널목 기찻길에서 차와 사람이 건너다닐 수 있게 정해진 곳.

건성 정성을 들이지 않고 어떤 일을 대충 함.

게시판 널리 알릴 내용을 붙이거나 내걸어 두루 보게 걸어 놓은 판.

겨드랑이 양편 팔 밑의 오목한 곳.

겨울나기 겨울을 넘김.

결석하다 나가야 할 자리에 나가지 않다.

계절 봄, 여름, 가을, 겨울을 통틀어 말함.

고민 마음속으로 괴로워하고 걱정함.

고장 기구나 기계가 제대로 움직이지 못하게 되는 것.

고향 자기가 태어나서 자란 곳.

곡식 사람의 식량이 되는 쌀, 보리, 밀 등의 곡물.

곱하기 곱셈을 하는 일.

공사장 공사를 하는 곳.

공사판 공사를 하는 곳.
과정 일이 되어 가는 경로.
교통 사람의 이동하거나 짐을 실어 나르는 일.
국기 한 나라를 상징하는 깃발.
규칙 여러 사람이 다 같이 지키기로 작정한 법칙.
그림자 빛을 가로막은 물체 뒤에 생기는, 물체의 모양을 닮은 검은 꼴.
글자 말을 나타낸 기호.
기러기 겨울에 북쪽에서 남쪽으로 떼지어 날아와 물가에서 살다 가는 물새.
기발 재치가 있고 남달리 뛰어남.
기쁨 신이 나는 느낌이나 기분이 좋은 마음.
기지개 피곤할 때 몸을 쭉 펴면서 팔다리를 뻗는 일.
긴장 마음을 졸이고 정신을 바짝 차림.
길이 한끝에서 다른 한끝까지의 거리.
까닭 일이 생기게 된 원인.
깜박 눈이 잠깐 감겼다 뜨이는 모양.
껍데기 달걀이나 조개 같은 것을 싸고 있는 딱딱한 겉.
꼭두각시 꼭두각시놀음에 나오는 인형.
꼭짓점 수학에서 각을 이루는 두 변이 만나는 점.
꾸러미 꾸리어 싼 물건.

ㄴ

나그네 집을 떠나 떠돌아다니는 사람.
나들이 집을 떠나 가까운 곳에 잠시 다녀오는 일.
낙엽 말라서 떨어진 나뭇잎.
낚시 여러 가지 도구로 물고기를 낚는 일.
난리 전쟁이나 재해 등으로 어지럽고 소란스러운 상태.

날씨 비, 구름, 바람, 기온 따위가 나타나는 기상 상태.

날짜 일정한 일을 하는 데 걸리는 날의 수.

낭송 글을 소리 내어 외우거나 읽음.

낱개 여러 개 중에서 따로 떼어 낼 수 있는 한 개.

낱말 일정한 뜻이 있으면서 홀로 쓰일 수 있는 낱개의 말.

네모 네 개의 직선으로 둘러싸인 평면 도형.

놀이터 주로 아이들이 모여 노는 곳.

누나 나이 많은 여자 형제를 남동생이 부르는 말.

누룽지 솥 바닥에 눌어붙은 밥.

눈금 자나 저울 따위에 물건의 길이나 무게를 나타내기 위한 금.

눈사람 눈 뭉치로 사람 모양을 만든 것.

눈서리 눈과 서리를 아울러 이르는 말.

ㄷ

다짐 마음이나 뜻을 굳게 정함.

단위 수 · 양 · 무게 등을 나타내는 기준.

달리기 정해진 거리를 빨리 달리는 것을 겨루는 경기.

담장 집이나 건물 주변을 둘러막기 위하여 흙, 돌, 벽돌 따위로 쌓아 올린 것.

당번 서로 나누어서 하는 일을 할 차례가 된 사람.

대피하다 위험이나 피해를 입지 않도록 안전한 곳으로 피하다.

더듬이 곤충의 머리에 달린 길고 뾰족한 감각기관.

덧셈 한 개의 수에 또 하나의 수를 더하는 셈.

도르래 높은 곳에서 달아 놓은 바퀴에 줄을 걸어 물건을 담아, 쉽게 들어 올리는 장치.

도움 일이 잘되도록 남을 돕는 일.

도화지 그림을 그리는 데 쓰는 종이.

돋보기 가까운 데 있는 글자나 작은 것을 크게 보이도록 볼록하게 만든 안경.
동그라미 동그랗게 생긴 모양.
동네 여러 집이 모여 사는 곳.
동상 추위 때문에 살갗이 얼어서 조직이 상하는 일.
동생 같은 부모의 자식으로 나보다 나이가 적은 사람.
되풀이 같은 말이나 일을 여러 번 반복함.

ㅁ

마무리 일의 끝맺음.
마술사 여러 가지 도구나 손재주로 사람의 눈을 속여 신기하고 이상한 일을 하여 보이는 사람.
마음가짐 마음이 가지는 자세.
막대기 가늘고 기다랗고 단단한 물건.
만장일치 모든 사람의 의견이 같음.
망원경 두 개 이상의 볼록 렌즈를 써서 멀리 있는 물체를 크고 정확히 보게 하는 기구.
맞춤법 글자를 바르게 적기 위한 규칙.
머리카락 머리털 가닥.
멍석 짚으로 만든 큰 돗자리. 사람이 앉거나 곡식을 널어 말릴 때 쓴다.
모둠 학습이나 놀이 등의 활동을 하기 위해 몇 명씩 묶어 만든 모임.
모으기 흩어져 있는 것을 한데 합치기.
모형 어떤 물건을 본떠서 만든 물건.
목소리 목구멍에서 나는 소리.
목욕 물에 온몸을 씻는 일.
몸짓 몸을 놀리는 모양.
무궁화 우리나라의 국화.

무늬 물건의 겉에 색깔과 선으로 나타나 있는 일정한 모양.
무지개 공기 중의 물방울이 햇빛을 받아 빨주노초파남보 7가지 색을 나타내는 것.
묶음 한데 모아서 묶은 덩어리.
문장부호 쉼표, 물음표, 따옴표 등과 같이 문장의 뜻을 잘 전달하고, 문장을 읽고 이해하기 쉽도록 돕는 부호.
물건 모양을 갖추고 있는 모든 사물.
물고기 붕어처럼 아가미와 지느러미가 있는 물에 사는 동물.
물살 물이 흐르는 힘.
물음 묻는 일.
뭉치 한데 뭉치거나 말거나 감은 덩이.
미끄럼틀 앉아서 미끄러져 내려오도록 비스듬하게 만든 놀이 기구.
미로 복잡하게 갈래가 져서, 한번 들어가면 빠져나오기 어려운 길.
미세먼지 눈에 보이지 않을 정도로 아주 작은 먼지.
미소 소리 없이 빙긋이 웃는 모습.

ㅂ

바람개비 바람을 받으면 빙글빙글 되는 장난감.
바탕 무엇이 이루어지기 위한 뼈대나 틀을 이루는 부분.
박자 음악적 시간을 구성하는 기본 단위.
반복 같은 일을 되풀이함.
받아쓰기 선생님이 읽는 글을 그대로 옮겨 쓰는 것.
받침 한글을 쓸 때 모음 다음에 아래로 오는 자음.
발가락 발끝의 다섯 개로 갈라진 부분.
발명 아직까지 없던 기술이나 물건을 새로 생각하여 만들어 냄.
발표 어떤 사실이나 결과를 여러 사람에게 알리는 것.
밥상 음식을 차리는 데 쓰는 상.

방법 어떤 일이나 목적을 이루기 위한 해결법.
배려 도와주거나 보살펴 주려고 마음을 씀.
배열 일정한 차례나 간격에 따라 벌여 놓음.
배웅 가는 손님을 따라 나가서 작별함.
백성 일반 국민을 옛날식으로 부르는 말.
버릇 어떤 행동을 되풀이하면서 굳어진 버릇.
번개 구름과 구름 사이에서 번쩍이는 불꽃.
번데기 곤충의 애벌레가 어른벌레로 되는 과정 중에 한동안 고치 속에 가만히 들어 있는 몸.
번호 차례를 나타내기 위해 붙이는 숫자.
벌초 무덤의 풀을 베어서 깨끗이 함.
벌판 사방으로 펼쳐진 넓고 평평한 땅.
베개 잠을 자거나 누울 때 머리를 받치는 것.
변덕 이랬다저랬다 자주 바뀌는 태도나 성질.
변신 몸의 모양이나 태도 따위를 바꿈.
보건실 학교에서 아프면 가는 곳.
보기 설명을 쉽게 이해하도록 그림이나 표로 나타낸 예시.
보람 어떤 일을 했을 때 돌아오는 좋은 결과나 만족감.
보물 매우 귀하고 소중한 물건.
부레옥잠 잎자루가 동그랗게 부풀어서 물에 떠서 사는 식물로 늦여름에 연한 자줏빛 꽃이 핀다.
부호 일정한 뜻을 나타내기 위하여 따로 정하여 쓰는 기호.
분류 종류에 따라서 가름.
분실 자기도 모르는 사이에 물건 따위를 잃어버림.
분위기 주위를 둘러싸고 있는 상황이나 환경.
불가사리 몸이 다섯 가닥으로 되어 있어 별 모양인 바닷속 동물.

낱말 사전

비교 여럿을 서로 견주어 보는 것.
비둘기 비둘깃과에 속한 새를 통틀어 이르는 말. 평화를 상징하는 새.
비밀 남에게 알리지 않고 숨기는 것.
비사치기 납작한 돌을 세워 놓고, 조금 떨어진 곳에서 작은 돌을 던지거나 발로 차서 세워 놓은 돌을 맞혀 넘어뜨리는 놀이.
비상구 갑작스러운 사고가 일어날 때 밖으로 빠져나가기 위해 만들어 놓은 문.
비행기 날개나 프로펠러를 이용해서 공중을 날아 사람이나 물건을 싣고 나르는 기계.
빈칸 비어 있는 칸.
빙그레 소리 없이 빙긋이 웃는 모습.
뺄셈 한 수에서 다른 수를 빼는 셈.

ㅅ

사각형 네 개의 직선으로 둘러싸인 평면 도형.
사다리 높은 곳이나 낮은 곳을 오르내릴 때 디딜 수 있도록 만든 기구.
사촌 아버지의 친형제의 아들이나 딸을 나타내는 촌수.
삯바느질 돈을 받고 바느질해 주는 일.
산소 무덤을 높여 이르는 말.
상상 직접 경험하지 않은 일이나 사물에 대하여 마음속으로 그려 봄.
상징 어떤 사실이나 생각을 떠오르게 하는 사물, 또는 그 사물을 가리키는 말이나 표시.
새싹 새로 돋아나는 싹.
생명 사람이 살아서 숨 쉬고 활동할 수 있게 하는 힘.
생선 먹기 위해 잡은 싱싱한 물고기.
서랍 빼었다 끼웠다 하는 뚜껑 없는 상자.
선생님 학생을 가르치는 사람.

성묘 산소를 찾아가서 인사를 드리고 돌봄.

세균 눈으로 볼 수 없을 만큼 작으며, 세포가 하나인 생물.

세모 종이 위에 세 점을 이어 만든 도형.

세배 설날에 어른에게 드리는 큰절.

소꿉놀이 아이들이 장난감 그릇을 가지고 어른들의 흉내를 내며 노는 것.

소동 사람들이 시끄럽게 떠들고 마구 행동하는 일.

소리 귀에 들리는 것.

소방서 불이 난 것을 끄는 업무를 맡은 기관.

손뼉 손바닥과 손가락을 합친 전체 바닥.

손수건 몸에 가지고 다니며 사용하는 작은 수건.

손잡이 손으로 어떤 것을 열거나 들거나 붙잡을 수 있도록 덧붙여 놓은 부분.

송편 멥쌀가루를 반죽하여 팥, 콩, 밤, 깨 등을 넣고 반달 모양으로 빚어서 솔잎을 깔고 찐 떡.

쇠붙이 쇠·구리·금·알루미늄처럼 단단하며, 전기와 열이 잘 통하는 물체.

수수깡 수수의 줄기.

수업 선생님이 학생에게 지식을 가르쳐 주는 일.

수염 사람이나 동물의 입가에 난 털.

순서 차례로 나열한 것.

술래잡기 술래가 숨은 사람들을 찾아내는 놀이.

슬픔 슬픈 마음이나 느낌.

습관 어떤 행동을 되풀이하면서 굳어진 버릇.

승강기 사람이나 화물을 아래위로 나르는 기계 장치.

시각 시간의 어느 한 시점.

시계 시각을 나타내는 기계.

시합 운동이나 그 밖의 경기에서 서로 승부를 겨루는 일.

식중독 상한 음식을 먹은 뒤, 배가 아프거나 설사, 구토, 두드러기가 나는 현상.

실감 실제로 체험하는 느낌.
실천 생각한 바를 실제로 행함.
심부름 남의 시킴이나 부탁을 받고 그 일을 대신함.
쓰레기 못 쓰게 되어 버려야 할 것이나 내다 버린 것을 모두 이르는 말.
쓰임 돈이나 물건이 실제로 쓰이는 곳.
씨앗 곡식이나 채소 따위의 씨.

ㅇ

아기 젖 먹는 아이.
아버지 부모 중 남자.
아저씨 남자 어른을 친근하게 이르는 말.
아침 날이 새서 밝아질 때까지의 시간.
안전 위험하거나 사고가 날 염려가 없는 상태.
애국가 우리나라의 국가.
애벌레 알에서 나와 아직 다 자라지 않은 곤충.
야영 야외에 천막을 치고 생활하는 것.
약속 누구와 앞으로의 일을 어떻게 할 것인가를 미리 정하는 것.
양치질 이를 닦고 물로 입 안을 헹구는 일.
어린이 보통 다섯 살부터 열두 살까지의 아이를 높여서 이르는 말.
어림 대강 짐작으로 헤아림.
어머니 나를 낳아 주고 길러 준 여자.
엉덩이 앉으면 바닥에 닿는, 허리와 허벅지 사이의 부분.
여러분 여러 명의 사람을 높여 부르는 말.
역할 자기가 마땅히 맡아서 하는 일
연극 배우가 무대 위에서 각본에 따라 말과 행동으로 이야기를 보여 주는 예술.
연기 불이 났을 때 생겨나는 흐릿한 기체.

열매 식물이 수정한 후, 생기는 것으로 이 속에 씨가 들어 있음.
영감 나이가 많이 든 남자를 약간 대접하여 부르는 말.
영양소 생물이 성장하고 활동하는 데 필요한 물질.
영역 힘, 활동 따위가 미치는 분야나 범위.
오각형 다섯 개의 직선으로 둘러싸인 평면 도형.
오감 시각, 청각, 후각, 미각, 촉각의 다섯 가지 감각.
오누이 오라비와 누이를 아울러 이르는 말.
오솔길 폭이 좁고 조용한 길.
오전 자정부터 낮 열두 시까지의 시간.
오후 낮 열두 시부터 밤 열두 시까지의 동안.
왁자지껄 여럿이 모여 시끄럽게 떠드는 모양.
완성 완전히 다 이루었음.
요일 일주일의 각 날을 말함.
요정 전설이나 동화 속에 나오는 신기한 능력을 보이는 존재로 사람의 모습을 하고 있다.
우리나라 우리가 사는 나라를 스스로 이르는 말.
우산 비가 올 때 펴서 머리 위를 가리는 것.
운동장 주로 체육이나 운동 경기를 하기 위해 만든 큰 마당.
운동회 여러 사람이 모여 운동 경기를 하는 모임.
원 해나 보름달처럼 둥글게 그려진 모양이나 형태.
위급 아주 위험하고 급함.
위로 따뜻한 말이나 행동으로 상대의 슬픔을 달래 주는 것.
육각형 여섯 개의 직선으로 둘러싸인 평면 도형.
율동 음악에 맞추어 하는 체조.
응원 운동 경기에서, 선수들이 힘을 낼 수 있도록 돕는 행동.
의논하다 어떤 일에 대하여 서로 의견을 말하고 듣는다.

이사 사는 곳을 다른 데로 옮기는 것.

이슬 공기 중의 수증기가 기온이 내려가거나 찬 물체에 닿아 엉겨서 생기는 물방울.

인물 이야기나 연극에서 어떤 역할을 하는 사람.

일기 그날그날 겪은 일과 감상을 매일 적은 글.

일기예보 날씨 변화를 미리 예상하여 알리는 일.

ㅈ

자연 산, 강, 바다처럼 저절로 생겨난 환경.

잠꼬대 잠을 자면서 자기도 모르게 하는 중얼거림.

장난감 가지고 노는 여러 가지 놀잇감.

장면 연극이나 영화의 한 광경을 나타내는 부분.

장소 어떤 일이 일어나는 곳.

재채기 코안이 간지럽다가 갑자기 숨을 내뿜으면서 큰 소리를 내는 것.

적응 일정한 조건이나 환경 따위에 맞추게 됨.

전시 여러 가지 물품을 한곳에 벌여 놓고 보임.

접촉 서로 맞닿음.

젓가락 음식을 집어 먹거나, 물건을 집는 데 쓰는 두 개의 기다란 작대기.

정리 지저분한 상태에 있는 것을 치워서 질서 있는 상태가 되게 함.

조각 어떤 물건으로부터 떨어져 나온 작은 부분.

조상 부모님 위로 대대의 어른.

주말 한 주일의 끝 무렵.

주인공 연극, 영화, 소설 등에서 이야기의 중심이 되는 인물.

지우개 연필로 쓴 글씨나 그림 따위를 지우는 데 쓰는 물건.

지저분하다 정리가 되어 있지 않아서 깨끗하지 못하다.

지진 화산 활동이나 땅속 물질이 움직여서 땅이 흔들리는 것.

진드기 동물의 피부에 붙어서 피를 빨아 먹는 작은 벌레.

질투 내가 좋아하는 사람이 다른 사람과 친하게 지내는 것을 싫어함.

짐작 남의 형편을 어림잡아 알아차림.

짜임 조직이나 구성.

짝수 2, 4, 6, 8…과 같이 2로 나누어떨어지는 수.

쪽지 어떤 내용의 글을 적은 작은 종이.

ㅊ

차례 순서 있게 구분하여 벌여 나가는 관계.

참기름 참깨로 짠 기름.

청소 더럽거나 어지러운 것을 쓸고 닦아서 깨끗하게 함.

초대 잔치나 식사 때에 오라고 부름.

추석 송편을 지어 먹는 명절.

축제 많은 사람이 모여 벌이는 큰 규모의 행사.

충치 세균 따위의 영향으로 이가 상하는 것.

치과 이가 아픈 것을 전문적으로 치료하는 병원.

치아 '이'를 점잖게 이르는 말.

친구 친하게 오래 사귄 사람.

친척 어머니 아버지와 혈통이 가까운 사람.

칠교놀이 일곱 가지 도형 조각으로 여러 형태를 만들면서 즐기는 놀이.

칠판 분필로 글씨를 쓰거나 그림을 그릴 수 있게 만든 검정이나 초록색의 판.

칭찬 다른 사람의 좋은 점을 높이 평가하는 말.

ㅋ

코스모스 가을철 길가에 자주 보이는 흰색, 분홍색, 자주색의 꽃.

크기 어떤 사물의 큰 정도.

크레파스 크레용과 파스텔의 성질을 섞어 만든 막대기로 색을 칠할 때 사용한다.

ㅌ

탈출 갇혀 있던 곳에서 빠져나옴.

탐구 필요한 것을 조사하여 찾아냄.

태극기 대한민국의 국기.

태풍 큰비를 내리며 부는 매우 센 바람.

통일 나누어진 여러 개를 합쳐서 하나로 모이게 함.

특징 다른 것에 비하여 특별히 눈에 뜨이는 점.

ㅍ

편안하다 몸이나 마음이 어려움 없이 편하고 좋다.

평소 특별한 일이 없는 보통 때.

포함 어떤 무리나 범위에 함께 들어 있거나 함께 넣음.

폭력 남을 거칠고 사납게 억누름.

표정 마음속의 상태가 얼굴에 드러나는 모습.

표지판 알려야 할 내용을 담은 판.

표현 생각이나 감정을 말이나 행동으로 나타냄.

풍습 풍속과 습관을 모두 이르는 말.

ㅎ

하품 졸리거나 고단하거나 배부르거나 할 때, 절로 입이 벌어지면서 하는 깊은 숨쉬기.

학교 학생에게 교육하는 기관.

학예회 무용·노래·연극 따위의 예능 발표를 보여 주는 행사.

한강 서울을 가로지르는 큰 강.

한바탕 크게 벌어진 한판.

한복 우리나라의 전통 의복.

할머니 아버지의 어머니, 또는 어머니의 어머니.

할아버지 부모의 아버지.

해바라기 해의 방향을 따라다니는 커다란 노란색 꽃.

해충 사람에게 해가 되는 곤충을 통틀어 이르는 말.

행사 여럿이 어떤 목적을 세우고 모임을 진행하는 일.

허벅지 허벅다리 안쪽의 살이 있는 곳.

허수아비 곡식을 해치는 새, 짐승 따위를 막기 위하여 짚으로 만들어 논밭에 세워 놓은 인형.

호탕하다 거리낌 없이 트여 있다.

홀수 1, 3, 5, 7…과 같이 2로 나누어떨어지지 않는 수.

홍보 소식을 널리 알리는 일.

홍수 강이나 개천에 갑자기 물이 크게 불어남.

화면 텔레비전이나 컴퓨터 따위에서 그림이나 영상이 나타나는 면.

화창 날씨나 바람이 온화하고 맑음.

확인 틀림없이 그러한가를 알아봄.

확정 일을 확실하게 정함.

환경 생활하는 주위의 상태.

환기구 방 안의 공기를 내보내고 바깥의 공기를 들어오게 하는 구멍.

황사 사막이나 황토 지대의 누런 모래가 강한 바람으로 인하여 날아와서 내려앉는 현상.

회오리 바람이 한곳에서 뱅뱅 돌아 깔때기 모양으로 하늘 높이 오르는 현상.

횡단보도 사람이 안전하게 건너다닐 수 있도록 차도 위에 마련한 길.

휘파람 입김을 불어서 내는 맑은 소리.

1판 1쇄 발행 2022년 1월 17일

글 해피이선생(이상학), 이정아
그림 이덕진
사진 shutter stock
펴낸이 김준성 **펴낸곳** 도서출판 키움
구성 당근에듀 **편집** 꿈틀 **디자인** design S
주소 경기도 파주시 회동길 325-16 **홈페이지** www.kwbook.com
등록 2003.6.10(제18-144호) **전화** 02-887-3271,2 **팩스** 031-941-3273